新大霊界シリーズ——⑤

霊媒体質の克服

幸せを呼ぶ守護神を持て

隈本正二郎
Kumamoto Shojiro

展望社

はじめに

病気、事故、災難——。なぜ自分だけこんなにつらい目に遭わなければならないのだろうか。こんな人生を何とか改善したい、そう思うことはありませんか。

この世の不幸というのは、本人は気がついていないかもしれませんが、実は霊媒体質が原因という場合が多いのです。霊媒体質というのは、一般の人よりも霊障を受けやすい人のことをいいます。

何かと病気がちで風邪などがはやると真っ先に医者にかかる人、仕事の能力はあるのに事業や商売に失敗ばかりする人、とくに不注意というわけではないのに階段から落ちたり自転車とぶつかったりなどでケガが絶えない人、部下や異性に裏切られたりだまされたりしやすい人、離婚と再婚をくり返す人——。

このような、なぜか人生がうまくいかない人のほとんどは、自分が霊媒体質であることを知らず、ただ運が悪いとか、能力がないなど自分がいたらないからだとあきらめている人が多いのです。

しかし、実はこの程度の〝運の悪さ〟ですんでいるのはまだ序の口なのです。霊媒体質が極度に進行すると、ガンが転移をくり返して生涯苦しむとか、何度も自動車事故に遭って瀕死の重傷を負った末に車いす生活になる、また夫に何度も不倫されて家庭が台無しになる、いろいろな投資話にだまされて家財産どころか家庭もすべて失って天涯孤独の身になる、今度こそは成功間違いなしと思って起業しても三年と持たずに倒産してしまう――こんな悲惨な現実が待っているのです。

これらは、この世の中（現界）というものが霊と人間との共生空間であることの現れなのです。私たち人間は、霊魂とともに生きているということを自覚しなければなりません。霊の中にはもちろん善霊もいますが、人間界に迷いでているのはほとんど悪霊や怨霊など低級霊であり、これらに憑依され、これを放置して何の手も打たないでいると、先に挙げたような大霊障が、あなたの体や心に強大な不幸となって現れるのです。

さらにまた、霊というのは時空を超えた存在であり、人間に憑依するとさまざまな予知・予言、怪奇現象などを引き起こします。凶悪な想念を持った悪霊や怨霊に取り憑かれ、心身を支配されると、霊媒体質者はそうした低級霊に無抵抗に遠隔操作され、人生を棒に振ってしまうような事件さえ起こしかねないのです。

そこで本書では、霊媒体質とはどのようなものか、もしあなたが霊媒体質者だったらどうするか、霊媒体質から脱却するにはどんな方法があるのか、また霊媒体質という不幸を幸運に導くにはどんな方法があるか、神霊治療の実際と守護神を持つことの絶大なる効果などに関して解説・言及していきたいと思います。

なお、本書の執筆に際しては、日神会初代会長隈本確教祖が昭和五十七年に著した『大霊界3　恐怖の霊媒体質』を下敷きとし、これに二代目会長としての私なりの実践経験による新たな理論や意見を書き加えてわかりやすく構成いたしました。

人間の真の幸せというのは、衣食住が足りることではありません。輝く神霊とともに生きる人にこそ、永遠の幸福の光が降り注ぐのです。

平成二十九年十月吉日

日本神霊学研究会　聖師教　隈本正二郎しるす

霊媒体質の克服

幸せを呼ぶ守護霊を持て

目次

Part.2

霊の力と予知の原理

Part.3

神霊治療は低級霊の救済が主目的

Part. 4

守護神についての考察

Part. 5

永遠の大霊界――穢れなき魂の向上を目指して

プロローグ

病気・事故・災難を呼ぶ霊媒体質

霊媒と霊媒体質

私たち人間が生きている世界（現界）のすぐ隣に、眼に見えない別の世界が存在しているとしたら――。手でさわろうにも実体はなく、耳をそばだてても何も聞こえない、もう一つの世界が存在しているとしたら、たいていの皆さんは驚かれるでしょう。

見える世界は誰でも体感できますが、見えない世界は誰もまだ見たこともさわったこともない未知の世界ですから、普通の人には体感できません。それゆえ、ほとんどの人は、見える世界だけがこの世のすべてであると認識しています。

世の中が見える世界だけで構成されているのであれば、世界はとても分かりやすく、この世のさまざまな理不尽な出来事や不可解な現象は比較的解明しやすく、また解決に導くことも容易になります。ところが、現代の人間社会には、不安や不満、事故や事件、貧困や病気、災害や戦争が渦巻き、それらは決してなくなることはありません。いやむしろ、実感としてそれらはますます複雑・先鋭化し、激化・増大しているのが現実です。

天下の大泥棒・石川五右衛門は、死に際して「浜の真砂は尽きるとも、世に盗人の種は尽くまじ」と言い遺したそうですが、それから何百年も経って、やはり五右衛門が言った通りいまだにこの世から悪人が消えることはなく、殺人事件や紛争がなくなることはありません。病気や事故、天災なども減少するどころではないのが現実です。

なぜ人類は、永遠に続くこうした負の連鎖から脱却できないのでしょうか。

それは現代を生きる人間が、見えない世界の存在について関心がないからです。見えない世界に分け入ってみようとしないからです。では、見えない世界とは、一体どのような世界なのでしょうか。

率直にいって、それこそが霊の世界、大霊界なのです。この世の見える世界の裏側には、霊の世界という眼に見えないもう一つの世界が存在しているのです。人間の眼に見える世界は、霊の世界という見えない世界と表裏の関係にあり、切っても切り離せない深いつながりがあるのです。

普通の人には見えない世界であり、行き来もできない霊の世界ですが、ある種の人たちはこの大霊界の意思を現界人に伝えることができます。生まれつきそうした特殊能力を有している者もいれば、ある日突然その能力を授《さず》かる人もいます。また、たゆまぬ努力と鍛錬でこれを身につける者もいます。

私たちは、このように霊界と通信できる特殊能力者を「霊媒師」、あるいは単に「霊媒」と呼んでいます。

霊媒、あるいは霊媒師という言葉は辞書や事典にも載っています。「霊的存在とコンタクトを取る能力を持つ人」とか「霊的存在や霊的世界と人間とを媒介することができる人」、「霊と人間との間の媒介者」などと説明されています。

端的にいえば、霊媒とは現界（この世）と霊界との仲介者ということです。見える世界である現界と見えない世界である霊界とは、表裏一体でありながら次元の異なる世界であるため、通常はお互いが行き来したり、意思を疎通し合うということはできません。

この、異なる世界の橋渡し役が霊媒（師）なのです。

霊媒は古来より存在する特殊能力者であり、日本では〝口寄せ〟、海外では〝シャーマン〟などと呼ばれています。

一般によく知られている恐山（青森県・下北半島）のイタコが口寄せの代表です。口寄せは、故人の霊を霊媒師の体内に呼び込み、その霊の想念を言葉や動作で表現します。その時の声色や仕草が故人の生きていたころによく似ていたりすることで信頼を得ているイタコもいるようです。しかし私から見て、その言葉や動作は大げさでいかにも中身にとぼしく、どこまで信ぴょう性があるかといえば、かなり疑わしいと思わざるを得ません。単なる身の上相談のような問答もしばしば見受けられるからです。

それも当然といえば当然のことなのです。というのも、それらの霊界通信は、霊格のあまり高くない霊との交信である場合がほとんどだからです。

霊の世界でも、人間世界と同様に「格」が存在します。「格」は階級を表わすものではありません。霊界ではすべては基本的に平等です。しかし、「格」の違いは存在します。格とはすなわち、品格のことです。大霊界におけるこの品格の段階として、上は天界神聖界《てんかいしんせかい》（天命界《てんめいかい》）から下は地獄魔界《じごくまかい》まで、魂の浄化と向上に応じて多くの段階が存在し、それぞれ別個の世界を形成しています。

その霊界の各段階のうち、普通の人間の知覚できる霊の姿や言葉、霊界のようすというのは、たいてい霊格の低い低級霊がほとんどなのです。

死者の魂は霊界に昇華して修行を積み、浄化の度合いを高めて高級神霊へと格を上げていきますが、その霊格が高まれば高まるほど、人間世界から遠ざかり、現界との交渉は薄くなっていくのです。つまり高級神霊が、人間界にやたらに姿を現わすようなことはないわけです。逆をいえば、現界に現われるのは、ほとんどが低級霊ということです。

ひと口に霊能者といってもその能力には個人差があります。また、無限ともいえる大霊界のすべてを把握し、交流できる絶大なる能力者などは到底あり得ないわけです。

つまり霊能者は、自分の霊界感知能力の範囲内にある霊界の模様しか知ることはできないのです。簡単にいえば、自分の霊能力に見合った霊としか接触できないということなのです。

高級神霊が現界に直接接触してくることは、よほどのことがない限りあり得ません。現界に住む人間に取り憑こうとしているような霊というのは、霊界でつまはじきされた未浄化の霊がほとんどです。つまり、私たちの周りに出没する霊のほぼ全部は低級霊なのです。ですから、一般の霊媒が自らの肉体に霊を取り込み、乗り移らせるという行為は、高級神霊とは程遠い低級霊との接触ということになります。

そのために、未熟な霊媒とか、やたら予知能力があったりするような霊媒体質の人は、低級霊に憑依されて絶えず肉体的な苦痛や精神的な苦しみ・不安に悩まされることになりかねません。ここでいう霊媒体質者とは、霊と波長が合いやすく、霊に取り憑かれやすい体質や心質を持った人のことです。そういう意味では、霊能力者も、基本的には霊媒体質者ということができるでしょう。

霊界といえばおどろおどろしい異様な世界を連想する人もいるでしょうが、本来は人間を守護し、現界（この世）の平安と繁栄を支え見守ってくれる世界なのです。ところが、現界の人々の周りをうろつくのは低級霊がほとんどです。低級霊の中には大人しく従順な霊もいますが、邪悪で暴力的で、人間世界での不幸を根に持つ怨念の塊のような霊も無数におり、この世をさまよっています。たまたま、霊媒体質の人がこういう邪悪な霊と接触したり、また体内に呼び込んでしまったら、心身に少なからざる障害が発生するのは目に見えています。

霊媒、あるいは霊媒師というのは時にはそういう悪霊とも対峙する覚悟が必要なのです。そのためには、自己の体内に宿って、絶えず自己を守護してくれる霊（守護神）の霊格を高める努力を怠らないことが肝要です。そうしないと、霊を体内に呼び入れたのはいいのですが浄霊に失敗し、逆に取り憑かれてしまって絶えず肉体の苦痛や精神の不安定に悩まされることになってしまうのです。

霊媒師は霊界という異界と接触し、交流を持つことができますが、誰でもが安易に入り込める世界ではありません。普通の人とはどこかちがった体質、心質を持っているわけです。霊と波長の合いやすい、霊のかかりやすい体質や心質の持ち主ということです。詳しくは、本書を書き進むうちに明らかにしていきますが、この世の中には霊に憑依《ひょうい》されやすい体質の人が数多く存在するということです。そういう人を総称して「霊媒体質者」と呼びならわしているのです。

現代人は霊媒体質になりやすい

世の中には不幸が蔓延し、不幸の連鎖から脱却できない不運な人が数多くいます。しょっちゅうあっちが痛い、こっちが痛いと体の不調を嘆く人。腕を骨折したり、肉離れを起こしたり、また転んで頭を打つなど不思議なくらいケガばかりする人もいます。交通事故をひんぱんに起こして、いつか大事故に遭うのではと心配な人。入退院を繰り返し、病院と縁が切れない人。学校や会社でよくいじめに遭う人。働いても働いても生活が楽にならない人。

また、思わぬ事故や事件に巻き込まれる人もいます。たとえば、家から出た途端に頭上から物が落ちてきて失神。引っ越しした先々で地震や火災、盗難などに遭う。通勤通学の駅など人ごみでよく他人とぶつかって喧嘩になる。台所では包丁で指を切ったり熱湯でやけど……。

これらは一体、どういうわけなのでしょうか？　なぜ自分だけに災難が降りかかるのか、その理由が知りたいと思い悩むものです。

病気で入退院を繰り返しているような人には、「あの人は生まれつき体が弱い」と周囲も同情的なのですが、ケガや交通事故などの多い人となると、「あの人はそそっかしくて、落ち着きがない、粗忽者《そこつもの》」といらぬ陰口をたたかれることになってしまいます。自分には責任のない事件や天災に遭いやすい人は、「不運を背負っている人だから、近寄らない方がいい」などと後ろ指をさされたりもします。

世の中にはこのように、いくら注意しても避けられない不幸な出来事や事故、事件、災難にいやおうなく巻き込まれやすい人がいます。頭の良し悪しとか、注意力のあるなしに関係なく、知らず知らずのうちに不幸を引き寄せ、背負ってしまう体質、心質の持ち主——実はそのほとんどは霊媒体質なのです。霊界に昇れずに現界をさまよう低級霊たちと波長の合いやすい人なのです。

霊とか霊界に無頓着で無知な現代人は、こうした低級霊の波長と合いやすく、体内に入り込まれやすいので注意が必要です。霊媒体質者に次々に降りかかる災難のほとんどは、低級霊に取り憑かれた結果なのです。生まれつき体が弱いわけでもなく、注意力が散漫でもなく、また運が悪いわけでもないのです。そのほとんどは低級霊の仕業なのです。

現界を生きる人間の周囲には、さまざまな想念を背負った無数の低級霊たちが、スキがあれば取り憑いてやろうと鵜《う》の目鷹《たか》の目でうごめいていることを知らなければいけません。

日神会の長年の神霊治療（浄霊）の結果、人間の病気の約七十パーセントは霊障が原因であることがわかっています。霊障というのは、人間に取り憑いた低級霊の邪悪な負のエネルギーによって人生にさまざまな悪影響が現れることです。それが身体に現われると病《やまい》が発症します。自分は霊媒体質ではないので、低級霊に取り憑かれる心配はないと考えるのは楽観的すぎます。

というのは、現代人は霊の存在に無関心どころか、その存在を信じていない、あるいは否定している人が多いからです。本来、人間は心と体だけではなく、霊魂を加えた三位一体のバランスの上に生きています。ここでいう霊魂とは、低級霊からの防御役ともいえる守護霊のことです。自分の守護霊を鍛え、その霊格を高めれば高めるほど、その防御機能は高まり、低級霊たちは近づくことさえできなくなり、事故や病気とは縁のない幸福な人生を歩むことが可能なのです。

ところが現代人は霊の存在に無関心で、自身の守護霊を育て、鍛える術（方法）さえ知らない人が多いために、何かの拍子に心身が衰弱したりすると低級霊と波長が合いやすくなり、あっという間に憑依されてしまいます。そういう意味では、とても残念なことなのですが、現代人のほとんどは低級霊に取り憑かれやすい〝霊媒体質〟といっても過言ではないでしょう。

今この本を読んでいる読者の皆さんは、どんなに健康に自信がある人でも、これまでに二回や三回は体のどこかに不具合が生じた経験がおありでしょう。ほんの些細な不調、たとえば急に頭が痛くなったとか、それまで何ともなかったのに咳が止まらなくなったなどです。これらは、低級霊がその人の身体の弱った部分（頭や喉など）に憑依したことを意味します。低級霊はこの場所、この時を発端にしてさまざまな悪業を仕掛けてきます。しかし、その人が心身ともに真っ当な生き方をしていれば、低級霊は次第に居心地が悪くなって黙って出て行ってしまうか、あるいは体内のどこかにおとなしく沈殿して次のチャンスを執念深くうかがうことになります。

出て行った霊は問題ないのですが、体内に残っている霊は厄介です。眠っていた低級霊が身体の中で負のエネルギーをため込み、強大な悪霊となって突然暴れ回ることがしばしばあるからです。何の前触れもなく、突然ガンを発症するとか、脳卒中で倒れる場合などがその典型です。

そうした大事に至る前には、必ず前兆があるはずなのです。それを見落としていると、後で大変な事態になってしまうのです。私は神霊治療でこうしたケースに何度となく遭遇し、対処してまいりました。

低級霊たちは、なぜ人間に取り憑き、悪徳の限りを尽くすのでしょうか？

それは迷える霊の救われたい一心の自己主張ととらえてよいでしょう。好《す》き好《この》んで現界で悪行を働いているわけではないのです。

すでに肉体は消滅し、その魂は霊界にありながら、霊格向上のための学びや鍛錬の道からはずれてしまっている低級霊は、地獄道を永遠に進まなければならないわけです。その恐怖、痛苦、懊悩《おうのう》ははかり知れないものがあります。そこで低級霊たちは、生きている人間に取り憑いて一から出直したいと思っているのです。しかし、波長が響き合って取り憑けるのは、霊魂を信じないダメ人間や、体や心の弱い虚弱な人間、また清く正しい生活とは無縁な人間がほとんど。

これでは、せっかく取り憑いても霊格の向上を望むことは無理と悟り、おのれの苦しみや怒りを爆発させるのです。それが、取り憑かれた側に痛みや苦しみ、事故や病気などの災難となって現われてくるのです。

こうした低級霊は、人間の日常生活のいたるところにひしめいています。何かの拍子にひょいと背負い込んで、ちょっと寝込む程度ならいいのですが、想念の邪悪な悪霊であったとしたら、取り返しのつかないことになってしまいます。

古い神社や仏閣、墓地、屋敷跡などだけが低級霊のうろついている場所ではありません。あなたの家の中でも、通勤や通学、買い物で行き来するいつもの道でも、緑の公園でも、満員電車の中でも、レストランでも、低級霊たちは〝獲物〟を求めて邪悪な眼を光らせているのです

憑依現象は低級霊のアプローチ
――高級霊は人間に取り憑いたりしない

人は死して魂を残す――。

人間が心と肉体だけの存在だと信じている人は、人間が死んだらその後には何も残らない、ただ無に帰るだけだと思われるでしょう。しかし私どもは、人間は心と体だけではなく魂をも宿した存在であることを実感しています。

たとえあなたが死んでも、魂は永遠ですから残ります。そして、永遠の時空ともいうべき霊界へと旅立っていくのです。魂というのは、見方によっては人間の心と体が生涯をかけて育てた大切な〝わが子〟ともいうべき存在なのです。不真面目な人生を送った人の魂は、それなりの霊格しか持ち得ず、そのためにその人が死んで残された魂が霊界へ旅立っても、低級霊としてしか迎え入れられず、霊界で塗炭の苦しみを味わうことになります。そのため、もう一度現界に戻ってやり直したいと思うのです。

そうして現界へ落第してきた低級霊たちが人間に憑依し、霊障を起こすわけです。死者の魂がすべて霊界へ昇華し、そこで正しい修行の道を歩んでいるとしたならば、人間界をうろついて生者に取り憑く悪霊、低級霊の類はいないはずなのです。すると当然、人間の病気も七十パーセントくらいはなくなり、事故や争い事も少なくなるはずです。

しかし現実はそうではなく、病気で苦しむ人は増加するばかりで、事件や事故の類もいっこうに減少する気配はありません。また私ども日神会には、こうしたさまざまな霊障に関する悩みや相談事が毎日のように持ち込まれています。

肉体の死によって霊界へ旅立ったのはいいのですが、未熟な霊魂のために霊界での修行についていけないとか、現界への未練が消えていないなどさまざまな理由で、現界へ舞い戻ってくる低級霊たちにこうした霊障の原因の多くがあるのです。

この低級霊の〝Uターン現象〟を表したのが次ページの図①です。

人は死を迎えると、魂だけが肉体を離れて死の壁を突破して霊界へ向かいます。霊界ではその魂の霊格に応じてさまざまな段階（ランク）へと移行します。図では大雑把に七つの段階に分けていますが、実際にはもっと細かく何百にも設定されています。肉体が滅び、その魂が移行する霊界における位置（段階）は、故人の生前の品格にほぼ比例します。人間の品格に応じて、その人の霊魂の格（霊格）も同等に成長していますから、それに応じ

図① 低級霊の現界へのＵターン現象

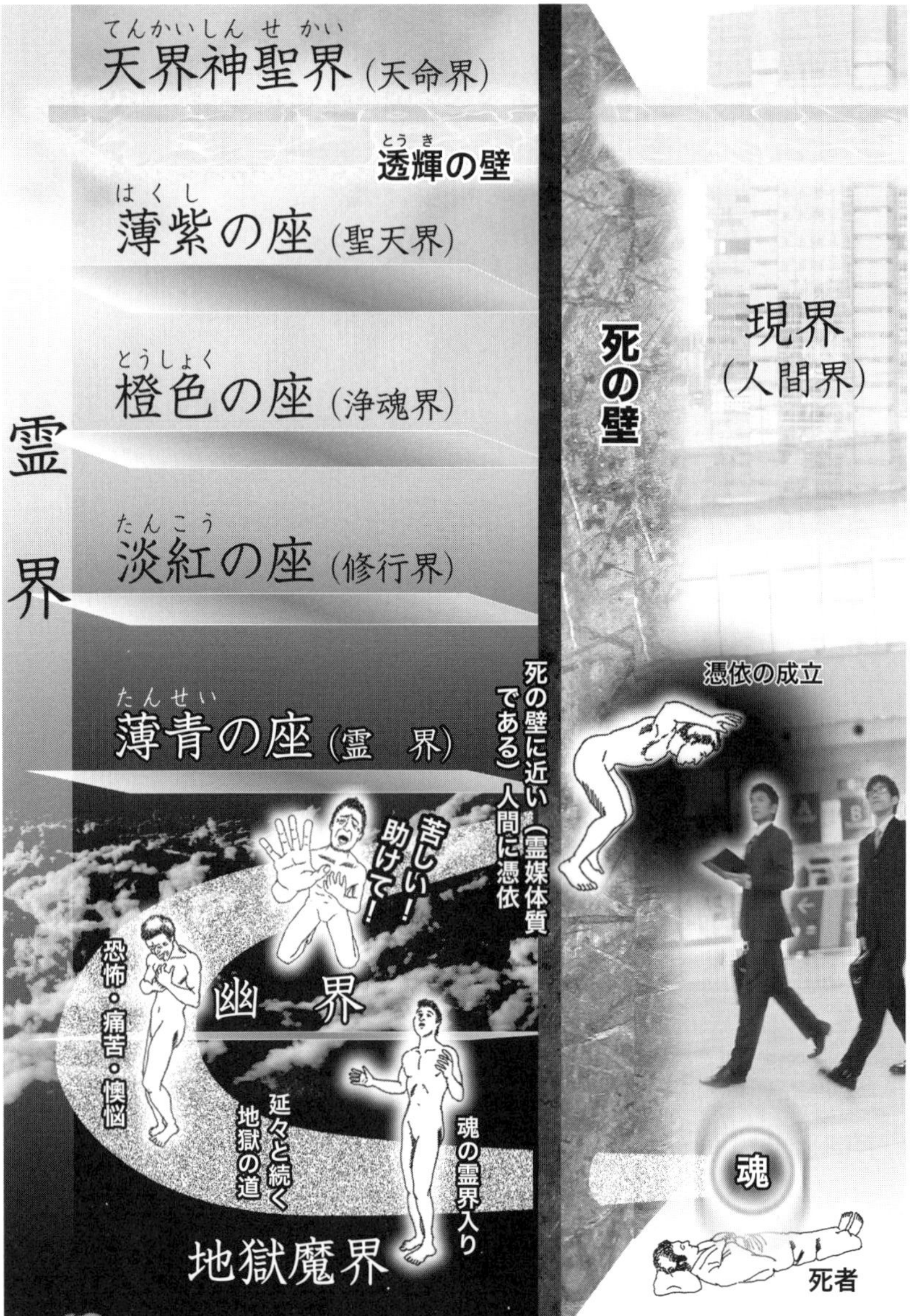

て自動的にその霊魂がいきつく段階が決定されるのです。

ここが重要なポイントです。

その霊魂の生前の宿主が、もしも人でなしの大悪人だったら、その霊格は極めて低く、低級霊の中でも最低ランクの地獄魔界へ移行する確率が高いでしょう。たとえ貧しくても、品行方正に、前向きに、世のため他人《ひと》のため生きた人間であったなら、かなり霊格の高い段階へ進むことができるはずです。頭のいい悪い、資産家かどうか、また弁護士や大学教授、政治家というような肩書も、霊界ではまったく通用しません。重要なのは個人の生前の人間としての品格であり、それにほぼ比例する霊魂としての霊格の高さです。誤魔化しは一切ききません。

こうして霊界のある程度のランクへ落ち着いた霊魂は、そこを出発点としてより高いランクを目指して永遠の修行に励むことになるのです。修行は厳しいですが、霊魂にとってはそれほど苦しいものではなく、むしろやりがいと喜びに満ちあふれています。

ところが、地獄魔界のような低級霊界に移行してしまった魂は、霊界人としての自覚にとぼしく、中には霊界へ入ったという自覚さえない場合もあります。当然、霊格向上への道を見出すこともできないのです。その結果、迷える低級霊となって霊界と現界とを隔てる壁（死の壁）を突き破り、再びこの世（現界）に現われるのです。つまりこれが、低級霊のUターン現象の代表例です。

他にも、たとえば憎んでも憎み切れない人物に対する復讐心が消えないまま死んで、その故人の怨念を受け継いだ魂が現界へ舞い戻って目的を果たすというケースもあります。同じように、恋い焦がれた相手より先に逝ってしまったがためにこの世に情を残したままという霊魂も、しばしば現界へ舞い戻るという場合もあります。また、ごくまれにではありますが、修行が厳しすぎてついていけないために現界へ舞い戻る、いわば落第生のような霊魂もあります。

こうした霊界からの〝脱走霊〟〝脱落霊〟は、悲しいかな現界へ舞い戻っても、もはやその居場所はどこにもないのです。それまでの宿主だった人間は、もう死んで跡形もなく、灰になってお墓に入っているのです。よく、悪霊が墓場をうろつくのは、そうした故人の影やニオイを野良犬のように嗅《か》ぎ当ててさまよっているからなのです。

現界へ舞い戻っても居場所のない〝家なき子〟となった低級霊たちは、自分の安住の地を求めて現界をさまようことになります。そして波長の合う人間を物色し、それに取り憑くのです。これがいわゆる、低級霊の憑依現象です。

清く正しい人生を送った人間に宿り、現界においてその品格を高めてきた高級霊は、そもそも現界へ舞い戻ろうなどとは考えておらず、霊界にあってさらに霊格を高めるために一心不乱に修行を積んでいます。ですから、高級霊は基本的に現界へ姿を見せるということはありません。

ただし、高級霊が現界とまったく無縁というわけではありません。悪徳低級霊に憑依された人間を救済するために、霊界からはせ参じるなどはしばしばあります。このような時、人間と高級霊との橋渡しを行うのは、私たち神霊能力者の役割です。

初代会長隈本確教祖は驚異の霊媒体質だった

霊媒体質とは、霊に憑依されやすい体質、気質の持ち主であることはもう皆さんおわかりでしょう。そのために、病気がちであったり、交通事故や火災などの災難に遭いやすいということも理解できたはずです。

そこで次に、霊媒体質者が実際に霊の作用（霊障）によってどのような体験をするのか、どのような苦難をしいられるのかを具体的に述べていきたいと思います。

私は現在、神霊治療（浄霊）能力者として毎日のように霊と接触しており、当然私も霊媒体質のはずです。しかも、さまざまな病人に憑依している低級霊を自分の体内に呼び込んで治療（憑依霊の浄化・救済による病気からの快復）を行っており、さまざまな霊と日々頻繁に接触しております。その意味では、はなはだしい霊媒体質者であるわけです。

しかし現在の私は健康で晴れやかであり、低級霊に憑依されてその霊障で苦しむようなことは皆無です。なぜなのか、皆さんは疑問に思われることでしょう。

答えは簡単です。私は初代会長隈本確教祖（「聖の神」）という最高のご守護神をいただいているおかげで、どんな強力な悪霊であろうと、体内に取り込んだ低級霊をほぼ瞬間的に浄霊して霊界へ送り、身体に滞留させることがないからです。また、私に宿る霊魂自体も日ごろのたゆまぬ修練と努力で、悪霊と対峙し説得し、説き伏せるに十分な格とパワーを具えているのです。ですから、低級霊を呼び入れても、心身になんら問題は起こりません。

ところで、初代教祖といえども、生まれつき神霊パワーを身に付けていたわけではありません。父親でもある初代教祖から、私は初代教祖の若かりしころの話を日常的に聞かされて育ちましたが、初代教祖は霊媒体質という自らの宿命のために、小さいころから人知れず思い悩み苦しんできたのです。

「若いころの自分は、生まれつき強度の霊媒体質であったため、心身の苦しみを、これでもか、これでもかというくらいなめてきた。ちょうど中学生のころからそれは始まり、四十歳ぐらいまで。低級霊に憑依されて起こる肉体の苦しみと精神の苦しみにのたうち回ったものだ。加えて、さまざまな予知をはじめとした無数の霊的な怪奇現象に遭遇し、自分という人間に恐怖さえ抱いた時期があった」というのです。強度の霊媒体質という特殊な体質であったために、人にいえない苦しみを味わっていたのです。

初代教祖が、初めて人の死の予知体験をしたのは、中学生になって間もないころでした。朝方、夢うつつの中で、自分の目の前を大人五人ほどが戸板をかついで通りすぎていく光景に出くわしたのです。自分は布団の中にいるのに、これは一体どうしたことなのかと不思議に思って戸板の上をひょっと見て、思わず「ギョッ」としたのです。

戸板で運ばれているのは、土気色になったA君という隣家に住んでいた幼友達だったからです。四年ほど前に少し離れた所に引っ越していました。まだ初代教祖は自分が霊的人間などとは一分の自覚もないころでしたから、そのことを夕餉《ゆうげ》の卓でやや得意げに話したのです。

「母さん、前に隣に住んでて引っ越したA君がね、死んで戸板に乗せられて運ばれてったのを、今朝布団の中から見たよ」

実はそのころから初代教祖には、ちょくちょく予言癖が芽生えていて、それがしばしば的中していたので、母親も気色悪がっていたのです。

「また変なことをいう、気持ち悪か子じゃねえ。そんな薄気味の悪かこと、二度と口に出すんじゃなかよ」

長崎弁で母親に、たいそうしかられたそうです。ところが翌日の昼すぎ、A君の死の知らせが届いたのです。これには、初代教祖本人も驚きました。

それからというもの、初代教祖の予知能力はせきを切ったように噴出し始めました。しかしその予知というのは、なぜか人の不幸ばかりなのですから初代教祖も相当まいったようです。高校時代には、こんなこともあったそうです。

「母さん、三軒先の○○商店の息子のB君ね、僕の中学の同級だった子、この一年ほど家にいなかったらしいんだけど、今朝僕のところにやってきたよ。起きようとしてたらね、心の中にスッと入ってきて、いきなり、〝隈本君、僕は十日以内に自殺するからね〟といったんだ」

母親は、さすがにそのころになると怒るどころか脅えて耳をふさぐようにして、「もう、そんなことを口走るのはやめてちょうだい！　母さん、たまらないよ。人に聞かれでもしたらどうするの」

もちろん、その予知も的中したのです。他にも、「斜め前の乾物屋のおばさんだけど、一週間以内に病気で死ぬよ」「親類の○○さん、商売が行き詰まって死ぬよ」……。無意識のうちに予知は切りも限りもなく湧きだし、それにつれて健康状態は悪化の一途だったそうです。

こうなると、初代教祖自身が自分自身を怖くなって、それまでやんちゃ坊主で、中学時代は悪ガキの不良少年だったのが、次第に口数が少なくなり、仲間との交流も一時期ほとんどなくなり、また家族との会話も少なくなり、身体は痩せ衰えていったのです。初代教祖は常々私に言ったものです。

「自分（初代教祖）の過去の人生を振り返る時、何百、何千という霊に身も心も苦しめられ、人に話せば正気の沙汰かと疑いの目で見られるような奇怪な霊的体験があまりにもたくさんあることに、自分自身もあきれるばかりだった」と。

しかし、ひるがえって考えてみると、霊媒体質ゆえに苦しみの深海でもがき苦しんだからこそ、初代教祖はこの世にはびこる低級霊の魂を浄化する神霊治療という奇跡の能力を修得し得たのです。

世の中には、自分でもそれと気づかずに、霊媒体質であるがゆえに低級霊と深く結びつき、人知れず悩み、苦しみ、悲惨な人生を歩んでいる人も多いのです。自分が望んでいるわけではないのに、霊のほうから近づいてきて、その霊言や霊視、霊障に苦しみながら社会の片隅でひっそりと、隠れるように暮らしている人もいます。

そうした霊媒体質者に対して、私は深い共感の念を覚えると同時に、何とかしてその境遇から救い出してあげたいと念願しているのです。

霊媒体質にも高級・低級がある

霊と波長の合いやすい体質や心質を持つ人が気をつけなければならないことは、低級霊や悪霊と波長を合わせない生活を心がけることです。そのための具体的な方法についてはPart3「霊媒体質からの脱出」の項で述べますが、ここでは同じ霊媒体質にも「高級霊媒体質」と「低級霊媒体質」があることを知っていただきます。

この二者は、霊の波動を心身に受けやすいという点では共通性がありますが、その受ける波動の質に大きな違いがあるのです。高級霊媒体質は高級霊と波長が合いやすく、低級霊媒体質は低級霊の波長に合いやすいという体質があります。両者には次ページの表のような違いがありますが、一番重要な違いは、高級霊媒体質者が自己の意思で霊と波長を合わせることができるのに対して、低級霊媒体質者はそれができないという点です。

どういうことか、詳しく説明いたしましょう。

低級霊媒体質者の場合、自己の意志で霊とコンタクトを取ったり、また霊をコントロールすることはできないということなのです。それというのも、低級霊媒体質者は、簡単に体内に霊の侵入（憑依）を許し、それを浄化するパワーが備わっていないために、霊が体内に滞留してしまうのです。そして、霊はおのれの苦しみや怒り、憤懣《ふんまん》、怨念などを人間に転嫁し、ぶつけてきますから、心身のあちこちに不調が生じて病気がちになるのです。霊の滞留が長引くに従い、病はますます進行して取り返しのつかない事態になってしまいます。

また、人間に取り憑いた低級霊は、霊界へ昇華して救済されたいという願望を持っており、その負のエネルギーが取り憑かれた人間の各所に影響を及ぼし、肉体の痛みや苦しみを伴うということもあります。

■表　高級霊媒体質と低級霊媒体質

高級霊媒体質

①身に起こる霊現象のほとんどに関して、当人の意志が先行する
②自己の意志で自由に体に霊を呼び込むことができる
③他人の病気を治せる
④当人の肉体も精神も健康
⑤幸運である
⑥神霊能力者である

↑ 共通点 ↓

●神・仏・霊と意志を通じ合える（霊界人と対話ができる）
●霊界および霊界人が見える
●予知・予感があり、将来のことが見えたり、わかったりする
●霊夢があり、読心術が使える
●他人や社会全体の運命がわかる

低級霊媒体質

①当人の意志にあまり関わりなく霊現象が起こる
②体や心に勝手に霊（低級霊）が憑依してくる
③他人の病気を受けて苦しむ
④当人の肉体も精神も不健康
⑤不運・不遇である
⑥変人・奇人扱いをされる

霊能力に関してですが、高級霊媒体質者だけではなく、低級霊媒体質者といえども、霊の介入を受けることである程度の霊能力を発揮することはできます。しかし低級霊媒体質者の場合、本人の意思で霊をコントロールできるわけではなく、早い話、霊のいいなりにしかならないので、取り憑かれたその霊に自分がコントロールされてしまうのです。

この場合、たとえば一人で歩いている時や、知人とおしゃべりしている時、学校の授業中などに、不意に霊言が湧きあがって、その場に関係ないことをわめいたりすることもあります。それらを自分で制御できないため、周囲の人たちはあ然とし、同時に警戒もします。その結果、低級霊媒体質者は変人、奇人扱いされ、人が近寄らなくなって孤立してしまうのです。

このような状態を放置しておくと、当人の霊媒体質の濃度はますます濃くなっていきます。そしてさまざまな奇妙な霊媒現象に巻き込まれ、挙句は何年も引きこもったり、あるいは凶悪霊にコントロールされて錯乱状態になり、大事件を引き起こすことになりかねないのです。私はそういう低級霊媒体質者の末路を数多く見てまいりました。

低級霊媒体質者は、こうした大事に至る前に、一日でも早く高級霊能力者のもとで神霊治療を受け、浄霊とともに守護神の出現を仰がなければなりません。そして自己の体の中に守護霊の存在をありがたく迎え入れ、その霊格を高めるためにあらゆる努力・修練を惜しまないことです。そうすることで、自分の中の守護霊は霊格をグングン高めていき、低級霊を寄せ付けない人生を送ることができるようになるのです。

ここでちょっと付け加えますが、最近広がっているスピリチュアル・ブームですが、これに気安く近づくのは大変危険です。かつて、〝コックリさん〟ブームがありましたが、安易な気持ちで霊を呼び込むと、時として大変危険な目に遭いかねません。とくに未成年者の場合、その多くは守護霊が未成熟なために低級霊の餌食になりやすい低級霊媒体質状態ですから、十分気をつけなければなりません。また高齢者の場合も、心身ともに衰退していますから、守護霊も疲弊しており、低級霊に入り込まれやすくなっています。

次に、同じ霊媒体質でも、高級霊媒体質について説明しましょう。

高級霊媒体質者は、常に守護神が自らの体内に存在していることを強く意識しており、日々の祈りや日常生活での正しい行いなどで、その霊格を高める努力・修練を続けています。つまり、自己の体内に霊格の高い霊をすでに迎え入れ、育てているのです。

霊界は〝格〟の高低で構成される世界ですから、霊格の低い低級霊は、まず霊格の高い霊に気軽に近づくことはできません。さらに、低級霊は高級霊の命令には、たとえ嫌々ながらでも従わざるを得ないのです。そのために、不自然な霊媒現象とは無縁な平穏な人生を送ります。

また、高級霊媒体質者になると、霊視・霊言・霊聴など霊的現象のすべてを自己の意思力、強い念力でコントロールできるのです。つまり高級霊媒体質者は、自分で霊視したいと強く念じた時に霊視ができ、またその予知能力によって、自分が将来どっちに進むべきか迷ったような時、その進むべき道を的確に判断できるようになります。

そのうえ、さらに努力を積み重ねて最高級クラスの霊媒体質を有してくると、高級神霊の強大なパワーによるご加護を受けることも可能になりますから、凶悪な霊を裁き、霊界へ送り届けて善霊へと導く力がでてきます。その具体的な現象の一つに、神霊治療能力があるのです。

こうしてみると、同じ霊媒体質者でも、高級と低級とでは、その人生の幸福度には天と地の差があることがおわかりでしょう。低級憑依霊に心身をコントロールされて、いつもその痛みに苦しんでいる低級霊媒体質者と、高級神霊の加護のもとに心身ともに健康でそう快で、そのうえ霊障で苦しむ人に救いの手まで差し伸べられる高級霊媒体質者——。

低級霊媒体質だからといって悲観や絶望する必要はまったくありません。先に書いたように、初代教祖も幼少期から壮年期にかけて、低級霊媒体質者として苦渋の歳月を過ごしました。その間、霊界の仕組みを探求し、厳しい霊的修行を積み重ねて徐々に高級霊媒体質に変貌していったのです。そして、現界から遠く旅立っている今は、大霊界にあって人々の苦難の人生に幸せの光を放射しておられます。

このように、人はひとたび霊とかかわりを持つようになると、良くも悪くも運勢が大きく動き始めることになります。安易にかかわって低級霊や悪霊の類に眼をつけられると運気は急激に下降線をたどることになってしまいます。霊は、それが善の方向か悪の方向かは別にして、現界の常識では考えられないほどの驚異のエネルギーを持つ存在だということがおわかりになったと思います。

つまり、悪霊を排し、善霊に好かれる生き方を実践することこそが、現界を生きる私たち人間の幸福への道だということです。以下のＰａｒｔ１からＰａｒｔ５において、その方法をできるだけ詳しく解説していきます。

Part. 1

霊媒体質に現れる驚異の現象

この世は霊と人間の共存の場

私は今まで口を酸っぱくして、霊界と現界とは表裏一体の世界であると説いてきました。すると読者の中には、この二つの世界はまったく別個の隔絶した世界であると誤解される方もおられます。実際には、二つの世界は溶け合い、混じり合い、霊はあなたのすぐ近くに、そしてまたあなたの中に普通に存在しているのです。

霊は普通の人間の眼には見えませんし、あなたの中にいても通常は感じることもできません。そのことによって、その存在を疑問視する人がいます。しかし、とりたてて霊感体質ではないのに、霊が見えるという人も存在してます。それは、その人自身の持つ波長と霊の波長とが響き合い、共鳴し合った結果の現象です。霊が見えたり、そのささやきが聞こえる、あるいは気配を感じるというのは、霊が人間の周りに常に存在しているからにほかなりません。

普段、私たちは「見えない力」という言葉をよく耳にします。見えない力でホームランを打てた、見えない力で勝つことができた、見えない力で難関校に合格することができたなどです。こうした、見えない力の後押しで人生を好転させた例は、普段からよく耳にしたり、また体験しておられる方も多いでしょう。

この「見えない力」の正体は何でしょうか？

眼には見えないけれども、しかし決して「そんなものはない」と断言することのできない神秘の力。その見えない力の正体は、実は霊の力である場合が多いのです。

人間には肉体や精神を超えた、何かとんでもない力が宿っているのです。世に天才とか、超人的といわれる人は、そういう力を自分の味方につけているのです。その見えない力こそが、霊のパワーなのです。霊には悪霊や怨霊ばかりではなく、この「見えない力」のように、あなたの味方になってくれる守護霊のような心強い善霊。高級霊が存在していることを忘れてはいけません。

霊の存在が疑問だというのは、霊の存在が「ない」ということではなく、単にそれを「認識できない」、あるいは「認識する能力がない」ということにすぎないのです。ですから言葉としては、「見えない力」と、表現するしか仕方がないのです。

いま、この本を読んでいるあなたの周りにも、霊はまるで電波のように飛び回ったり、また風のようにささやいたり、またひっそりと静かに息をひそめてたたずんでいます。そしてあなたの体の中にも、それが善霊であるか悪霊であるかは別にして、確実に霊は存在しているのです。

脳が肥大し、五感の衰退した現代人は、かつては身近であった霊の存在を見失っているだけなのです。大霊界という広大無辺な世界は、古来から人間世界を抱合し、「霊人一体」となってこの大宇宙を構成しているのです。

この世の中というものは、霊と人間の共存の場であり、霊界と現界とはまったく別個の世界ではないのです。そして、人間一人一人には、それぞれ霊魂が宿っています。

そういわれてもまだ、霊的世界や霊的存在に否定的な人は、その人が死んだ、その時になって初めて、生きていたころの自分の愚かさ、浅はかさに気づかされて愕然《がくぜん》とすることになるのです。

というのは、人間は必ず死を迎えます。その時、もし死後の世界（つまり霊の世界）があったとしたら、あなたの魂はどうなるでしょうか。先の『プロローグ』で私は大霊界の仕組みについて、天界神聖界《てんかいしんせかい》（天命界）から地獄魔界まで、数百ともいわれる段階があると説明しました。その霊の世界がないと信じている人は、霊界の最低ランクである地獄魔界へ移行する可能性が大きいのです。地獄魔界というのは、いちおう大霊界に属してはいますが、その霊は穢《けが》れているために、再び現界へ戻るしかない世界なのです。

なぜ、霊の存在を否定したり、また霊に無関心な人の魂が穢れているかについて説明しましょう。

霊界は、清浄無垢で邪念のない魂しか入ることを許されない永遠無辺の大空間です。霊を否定し、自分の死後の世界のことを考えない人は、どうせ自分の人生はこの世で終わりなのだから好き勝手に生きていこう、勉強なんか嫌だ、あくせく働くなんてまっぴらと放蕩《ほうとう》の限りをつくし、あくどいことも平気でやってしまう傾向があります。これらは、自分に宿る霊魂を穢し、霊格をおとしめる最悪の行為です。

霊格が落ちた低級霊が「見えない力」を発揮したらどうなるでしょうか。その人の人生は負のスパイラルに翻弄されてしまうでしょう。

また、霊を信じないわけですから、その人の心身を病気や事故から守り、幸運を授けてくれる先祖霊などの高級な守護霊にも感謝の祈りをささげるようなこともありません。すると、その守護霊は浄化されることなく、霊格はますます低下していくばかりということになります。

つまり死後の世界や霊の世界などは存在しないという認識のまま死んでしまったなら、その死んだあなたの魂（霊魂）の多くは、穢れがひどくて霊界に入れないことになり、低級霊としてもう一度人間世界（現界）に舞い戻らざるを得ないのです。

そうして、現界にUターンしてきたのはいいのですが、もう皆さんお気づきのように、その人間はすでに死んでいるわけですから、現界にはその魂の安らぐ居場所はないのです。浮遊霊としてこの世をさまよいながら、波長の合いそうな人間を物色して、その体内に憑依し、浄化されない苦しみや悲しみを訴えるしかないのです。

また、こんな場合もあります。人格そのものは品行方正で人々に尊敬されてはいても、死後の世界、霊の世界に無頓着な人、あるいは否定、毛嫌いしている人の魂は、その人が死んだあとに霊界へ昇っても、自分がなぜここにいて、これから何をすればいいかがわからないのです。つまり、霊界という世界そのものがあることさえわかっていないわけですから、その人の霊魂は霊界で迷子状態になってしまうのです。

それはたとえば、あなたが行ったこともなく見たこともない外国のある街に、突然放り出された状態に似ています。何の準備もなく、全然知らない土地へ放り出されたらだれでも面食らうばかりでしょう。言葉はわからないし、お腹が減って何か食べようにもお金がない。友人も知り合いもいない。それどころか、ここがどこなのかさえわからない。それでは、霊界で永遠の修行を積むなどは到底無理ということになり、何とかして現界へUターンせざるを得なくなるというわけです。

霊魂は永遠に不滅ですから、自分が死んでも未来永劫生き続けます。その霊魂が、霊の世界でしいたげられたり、あるいはまた悪霊となって現界に舞い戻り、さまざまな苦しみや惨劇の種を振りまくような穢れた存在だとしたら——。よく、子供が事件を起こすと〝親の責任〟が問われますが、それと同じで、霊界における自分の分身ともいえる霊魂の不幸や不始末は、宿主であるあなた自身の責任でもあるのです。

霊魂の存在を信じて、それをあたたかく育み、心強く生きている人は、その霊魂の将来のためにも、生きているうちから品行方正を心がけ、また勉学やスポーツなどで心身を鍛え、無意識のうちにも自分の魂の霊格向上をはかることになります。清く正しく、美しく、世のため人のために明るく、活動的に生きるわけです。

さらにまた、生きていることの幸福や健康、無事、幸運を感謝して、日々神霊に祈りをささげることも怠りません。そうすることで、現界での汚れや穢れは絶えず清く磨かれ、あなたの魂の霊格はますます向上していくわけです。

そうすることで、あなたが死んでも、その魂はスムーズに霊界のしかるべき段階へ移行し、その新しい世界でさらに修行を重ね、霊格を高めていくのです。

私は思うのです。

「霊の存在を否定する人は、自分の死後、その分身ともいうべき魂の将来に大変な迷惑をかける」と。その人自身は死んで無になっても、霊魂は永遠に不滅です。その穢れたままの霊魂が霊界へ放り出されると、そこに平安はありません。低級霊としての永遠の苦しみや悲しみが待っているだけなのです。これでは、あまりに無責任と思われても仕方ありません。

人生は霊とともに在る――このことをしっかりと認識して生きることが大切なのです。死んでからこれがわかっても、あとの祭りなのですから。

キーワードは幽体密度

この世は霊と人間の共存の場であり、この世に生きる人間は体内に霊魂を宿し、その霊とともに生きていることは前に述べたとおりです。

　魂、あるいは霊という時、両者には微妙な違いがあります。魂は霊魂であり、生きている人間に宿る生《い》き霊《りょう》のことです。霊というのは、生き霊だけではなく、人が死んで霊界へ昇華した魂をも含んだ言葉です。ですから、一度霊界へ入って現界へ舞い戻ったそれは、魂とか霊魂とは呼ばず、高級霊とか低級霊、あるいは悪霊、怨霊など「霊」として扱われるわけです。

　生き霊、つまり魂とは、人間の生命の源であり、意志の発現体です。心や肉体の動力源であり、意志を正しく決定してその方向性を指し示してくれる存在なのです。さらにいえば、私たち人間の日々の生活のあらゆる場面での活動源であり、司令塔といえるのです。そしてさらに、現界にはびこる低級霊の魔の手から、心身を守ってくれる守護役としての責任も果たしてくれるのです。

　この自らの魂を鍛えることで霊魂の霊格はさらに向上し、同時に自らの人間としての品格も向上します。つまり、魂と人間は一心同体として相互に影響し合う存在なのです。人間の品格が低下すれば、魂の品格も下がり、その生命の源であり、意志の発現体であるところのエネルギーも相対的に低下して、また守護霊としてのパワーも落ちてきますから、人生に暗雲が漂い、前途に厄災が降りかかりやすくなるのです。

さて図②は、人間を構成する魂、肉体、頭脳を図式化したものですが、同時に神霊学的にみて非常に重要な要件も表しています。それは、「幽体」といわれる人間を覆っている部分です。図のように、幽体は肉体をとりまく全面に浸透していることがわかります。

幽体というのは、人間の生命の源である魂と肉体、そして頭脳を結ぶ連結媒体の働きをします。つまり、魂による肉体と頭脳に対する指揮の伝達役です。さらにもう一つ、他の霊との媒介役でもあります。すなわち、さまざまな霊の発する波動をキャッチし、それを魂に伝える役目を果たすのが幽体です。話はすこし横道にそれますが、幽体は人間の死の瞬間には、魂と一緒になって肉体を離脱して霊界へ昇ります。これが世にいう〝幽体離脱〟という現象です。

ここでは、霊媒体質者の魂と幽体の関係についてお話します。

健康ではつらつと生きている人は、魂と肉体と知恵（頭脳）とが、ほどよいバランスを保って働いています。そして、幽体もまた、それらとバランスを保ちつつ機能していれば申し分ありません。しかし幽体密度の濃度には、個人差があります。その密度が濃い人ほど、霊の波動を受けやすい霊媒体質の傾向があることがわかっています。つまり、幽体密度が

図② 人間は魂・肉体・頭脳の三要素から成っている

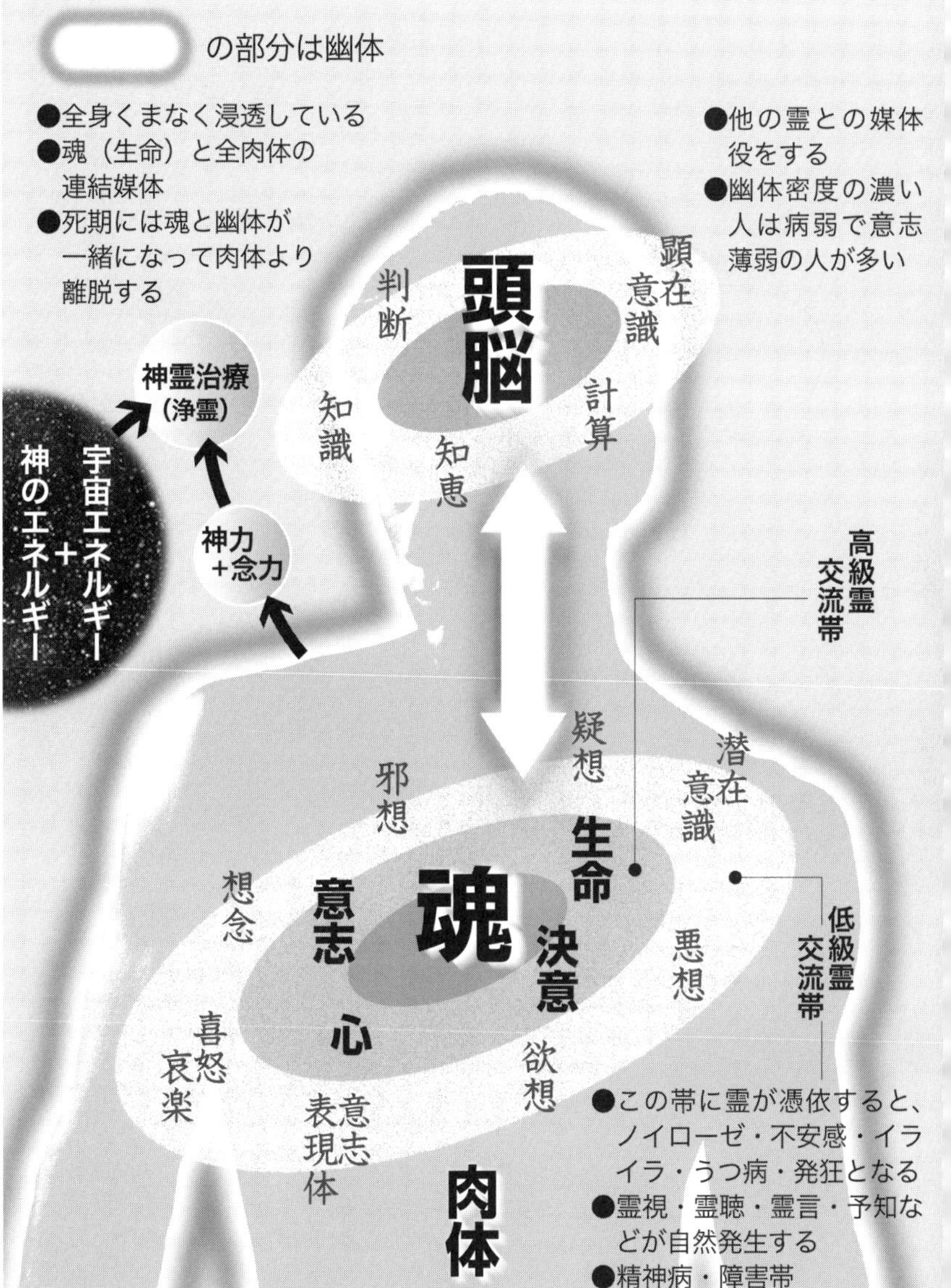

濃いと、低級霊に取り憑かれやすく、そしてその霊障を受けやすく、しだいに霊媒体質になっていくのです。なぜなら、霊の幽体と人間の幽体とが、それぞれの憑依《ひょうい》の仲立ちになるからです。

このように、幽体密度の濃い人は、本人が気づいていなくても、現界にありながらひんぱんに霊界と接触を持つことになります。その結果、低級霊の波動を受けて、しょっちゅう体のあちこちが痛んだり、イライラがつのったり、うつ状態になったりするのです。

その場合でも、日ごろから自己の魂を磨き、霊格を高めていれば、その防御機能が働いて問題は起こりません。が、魂が未熟で霊格が低く、そのパワーが弱い場合は問題が続出します。取り憑いた低級霊の種類によっては、精神に障害をきたしたり、寝たきりの病に襲われたりということも起こり得るのです。

幽体密度が濃いということは、いい方を換えれば魂の力が弱く、肉体や頭脳、心に対する支配力も弱いということです。逆に、幽体密度が薄いということは、全身を支配する魂の波動、エネルギーが強いということを意味します。

私は常々、霊というものは高級神霊になればなるほど人間の霊視に映らなくなると述べていますが、その理由は、高級神霊になるにしたがって、現界にいた時から持ち続けていた幽体が消滅していくからです。つまり、人間側の幽体に反応するべき霊の側の幽体が消えていくために、霊視が困難になるわけです。それはたとえば、透明人間が着ていた服を一枚一枚脱いでいくようなもので、服を脱ぎ終えれば見えなくなってしまうことと同じです。透明な魂から、幽体という服が脱げ落ちて姿が見えなくなったと考えれば納得されると思います。

一方、現界からひきずってきた幽体を、死後もそのまま魂に付着させている未浄化な霊は、現界の人間の幽体と感応し、そこに憑依が起こり、霊障が発生するわけです。こうした、人間の幽体密度と霊との関係を表したのが次ページの図③です。この図を見ていただければ、人間の幽体密度に応じた霊の働きかけということについて、理解がさらに深まるでしょう。

私ども日神会で行う神霊治療（浄霊）は、ここで説明した幽体の原理に立脚して行われるものです。したがって、治療を受けると憑依していた霊（低級霊）の幽体が浄化されていくと同時に、当人自身の幽体密度も薄くなっていきます。ということは当然、霊媒体質から脱却できているということになります。

霊媒体質は、憑依体質とか、病気体質などと呼ぶこともあります。霊媒体質者は、低級霊に取り憑かれて、いつも医者の世話になったり、薬が手放せない状態になっていること

図③　幽体とは、魂と肉体および知恵の媒質（仲立ち）をなす

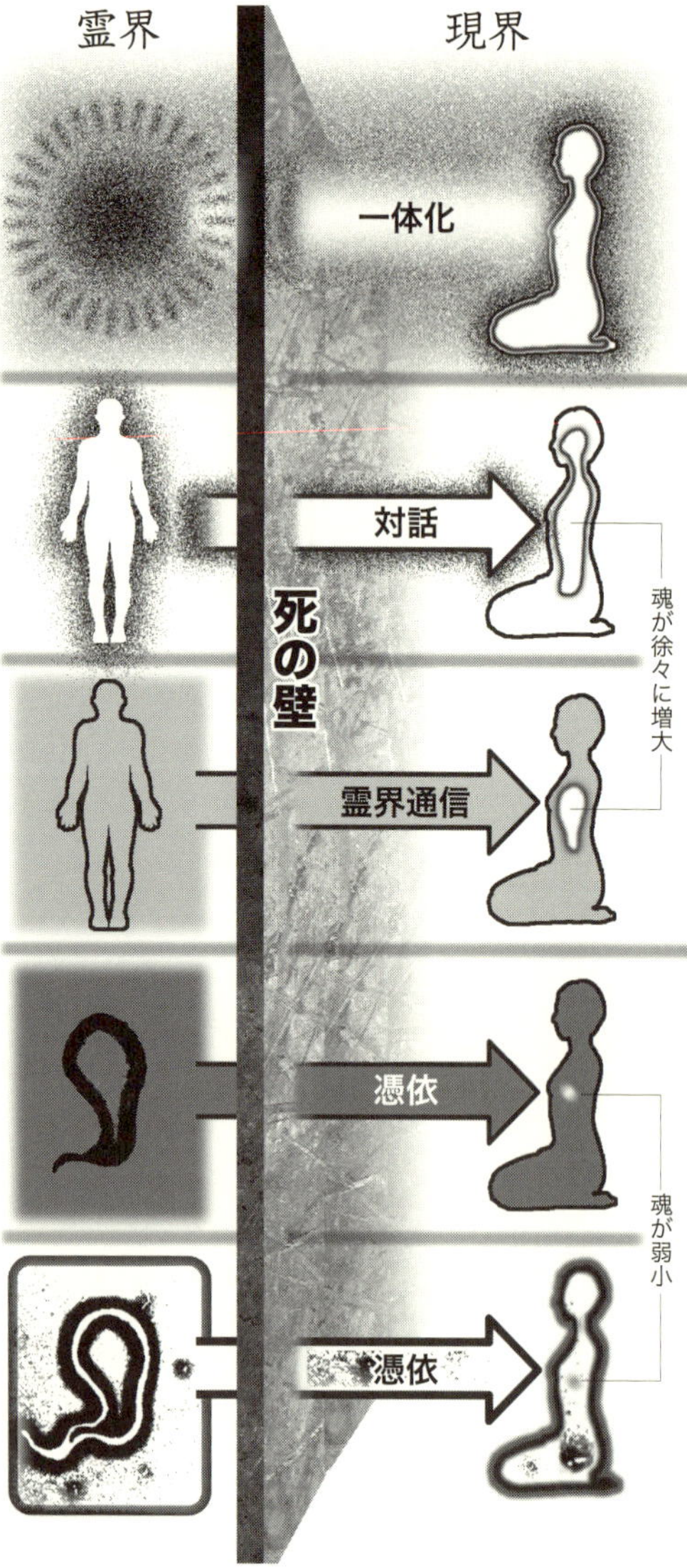

●神霊治療（浄霊）を何度も受けると、神、魂、人が一体となり、この世で奇跡を現すようになる

●人間界の霊視に見える霊は、人間界での幽体を魂につけたままの未浄化の霊である
●高級神霊になるほど、人間界から持ち続けてきた幽体が消滅していくので、人間の霊視には映らなくなってくる

●幽体密度が濃いということは、魂が弱小で、肉体・智恵に対する支配が弱いということである
●幽体密度が薄くなると、全身を支配する魂の波動が強大になる
●幽体を持った未浄化の低級霊は、魂の支配力の弱い幽体密度の濃い人に憑依しやすい
●霊の幽体と人間の幽体とが、低級霊憑依の媒介をする

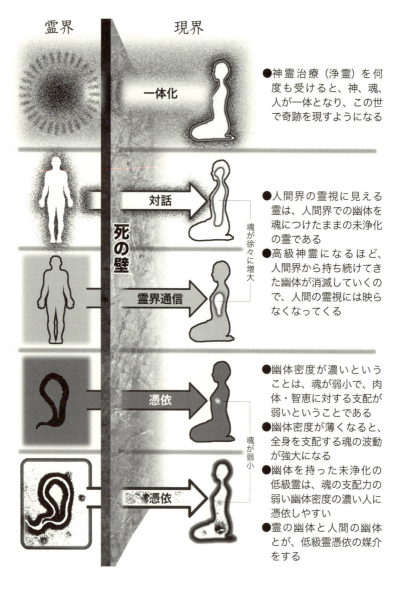

が多いからです。

また、病気知らずで健康そのものなのに、しばしばケガをしたり骨折したり、また交通事故をよく起こす人、あるいは逆に交通事故によく遭う人、そのほか詐欺にあいやすい人、二度、三度と泥棒に入られる人など……。あらゆる不幸な出来事に、低級霊が介在していることは非常に多いのです。

では、霊媒体質者というのは、霊界と現界との関係において、どのような位置にあるのかについて考えてみましょう。

次ページの図④をご覧ください。この図では、霊界と人間界（現界）の間には「死の壁」という、いわば万里の長城のような壁があり、この鉄壁の壁で遮断されているように見えます。しかし実際は、現界と霊界とは本来一つの包括された世界であり、両者は分かちがたく結びついており、霊は現界と行き来が可能なのです。ただ、二次元の平面上でこれを表現しようとすると、どうしてもこのようになってしまうのです。

さて人間界というのは、五感（眼・耳・鼻・舌・皮ふ）で把握される世界です。これに対して霊界は、五感を超えた想念だけの世界です。つまり霊界は、俗にいう第六感でしか認識されない世界なのです。第六感というのは、五感以外のもので五感を超える、いわば

図④　霊界と現界における、霊媒体質者の位置付け

超感覚のこと。予知とかインスピレーション、勘や直感、虫の知らせなどもその部類です。たとえば、母親の死を夢でいち早く知ったとか、地震を予知したなどがそうです。太古の人類はこの第六感が発達していましたが、人類が霊の存在を見失っていく過程で、この感覚能力も急速に衰えてしまいました。

先に、霊界には地獄魔界から天界神聖界《てんかいしんせいかい》（天命界）までたくさんの霊格の段階があると書きました。この段階のうち、地獄魔界や幽界といった死の壁に近い段階にたむろしている低級霊ほど、人間界に姿を現わしてきます。それは、幽霊や種々の怪奇現象というように眼に見える形で出現したり、また眼に見えない形で人間に取り憑いて病気や事故を起こさせたりします。

こうした低級霊は、まだ現界での想念を引きずっており、自分が霊界の住人になっているのかどうかさえはっきり悟っていない未浄化の霊なのです。そのため、まだ人間界に未練があり、自分は人間だと主張しようとします。しかし、すでに霊であるために、この世に安住の地はありません。そのためにもがき、苦しんでおり、その悪あがきともいうべき所業が霊障となって現われるのです。

死の壁から遠ざかっている霊は、その離れている距離に応じて人間界の悪念などの想念を消し去っており、霊格向上への道をブレることなく、まっすぐに進んでいる品格の高い霊だということです。

一方の人間界においても、霊界と同様に死の壁に近づくほど、霊に取り憑かれやすい霊媒体質者ということができます。通常、幽体密度が濃ければ濃いほど、死の壁の近くにいる場合が多いのです。死の壁に近いということは、そこは霊たちのたまり場、浮遊の場でもあり、必然的に霊と接触しやすくなります。そのために、お互いの幽体同士が呼応し合い、霊の姿が見えたり（霊視）、その声が聞こえたり（霊言・霊聴）、さまざまな霊界からの通信を受け取ることになります。先ほどの第六感による予知現象などはまさにこれなのです。

霊能者、予知能力者というのは、普通以上に死の壁に近寄っている人であり、それはとりもなおさず、幽体密度の濃い人ということができます。つまり、霊媒体質の濃い人ほど死の壁の近くにいるということができます。そういう人は病気とか事故に遭いやすいだけでなく、予知や霊感が盛んに湧いてきて、その能力が研ぎ澄まされてくるのです。

死の壁の近くには死の壁を超えてきたいろいろな霊が集まっており、霊媒体質の人はそれらに簡単に憑依され、人間の五感では知り得ないことをささやかれたりします。霊というのは、時空を超えた世界からやってくるのですから、人間や人間社会の過去・現在・未来、森羅万象につうじています。しかし、霊格の段階に見合った情報しか知り得ませんから、低級霊の持っている情報というのは非常に俗物的なことになります。

それはたとえば、誰それはいつか死ぬぞ、あいつは三時間後にどこかで交通事故に遭う、お前の妻は不倫しているなどといったことです。こんなことを、夜となく昼となく、ぶつぶつとささやきかけてくるのです。

こうした予知が、またよく当たるから厄介なのです。知らなくてもいいことを、あるいは知りたくない真実を知らせてくるので、本人は苦しむことが多いのです。また、時にはウソの情報をささやいたりするので、さらに困りものです。

こんな例がありました。三十八歳の若宮千代子さんという日神会の会員の方の話です。ある日、学生時代の親友から、「夫が浮気をしているので相談にのってほしい」と頼まれたのです。彼女とは、結婚式にも出席し、その後も家族づきあいをしているので、彼女の夫の性格はよく知っています。彼はやさしく、とても浮気をするような人ではありません。

「何かの間違いじゃないの」とさとしても、彼女は「いいえ、最近帰りが遅いし、この前は私の知らないハンカチを持っていた。きっとその女からプレゼントされたのよ」などと、聞く耳を持たないのです。

そこで、一応彼に問いただしたのですが、案の定、そんなことはあり得ないと否定するのです（実は若宮さんは、熱心な信者の方で、他者浄霊の指導も熱心に受けておりました）。あんな素敵な方が浮気をするなどありえないと、何度も話しましたが、彼女は信じようとしないのです。

「絶対に浮気をしている。休日はゴルフだといって出かけることが多くなり、車の助手席を調べてみたら長い髪が落ちていた。そればかりか、うっすらと香水の匂いがした」

とムキになるのです。

彼女は、思いやりのある明るい女性でしたが、そのころになると表情に険《けん》がでて、暗い感じになっていたそうです。若宮さんはそれを見て、問題は夫の方にではなく、彼女にあるのだと考えました。彼女のほうが悪い霊に取り憑かれているのではないかと判断し、彼女に神霊治療を施すことにしました。最初は拒否していましたが、渋々納得してくれました。

やはり、霊はいたのです。さびしげな女性の霊でした。夫の浮気に悩まされて離婚したのはいいのですが、病気がちで寝込むことが多く、四十代前半で孤独死した女性の霊が、ウソの情報をささやいて仲睦まじい夫婦の間を裂こうとしていたのです。

その親友は、子供ができず悩んでおり、夫とともに子宝で有名な神社めぐりをしていたのですが、そこにたむろしていた霊が、二人の余りに幸せそうなようすを見てメラメラと嫉妬心を燃やし、取り憑いたのです。子供ができないことに悩んで気分が落ち込んでいた親友とその低級霊との波長が、たまたま合ってしまったのです。神社やお寺などは、死の壁の境目のような場所であり、霊が集まりやすいので、霊媒体質の方はとくに注意したいものです。

その後、二人はまた元通りの幸せな生活に戻り、後日電話があって、「千代ちゃん、やったわ。お腹に赤ちゃんができたわよ！」とはずんだ声が届いたということです。

憑依した霊がささやきかけてくるのは予知ばかりではなく、髪形をこうしろとか、服装はこうだ、今夜のおかずはこれにしろなど、どうでもいいことを強要してきたりもします。こうした取るに足らない霊現象は、現界に出没する霊が未浄化な低級霊であるために起こるのです。

幽体密度の濃い霊媒体質者ほど、低級霊に憑依され、さまざまな介入を受けやすい傾向にあります。それだけに、霊障による病気も多くなります。

自分は霊媒体質ではないから大丈夫と、たかをくくっているのは危険です。生まれつきの霊媒体質者もいますが、後天的な要因でなる場合も多いからです。先ほどの図④の中にも書き込んでいますが、運動不足や睡眠不足、食事の不安定（偏食、朝食抜き、外食ばかり）など、不健全な生活態度は後天的な霊媒体質になる大きな要因です。また、働きすぎなどで体に無理が積もり積もった時、会社や家庭内などでの人間関係がうまくいかない、失恋した、成績が落ちたなどで悩みが深まった時なども危険です。心身が消耗して幽体密度が高まり、一時的に霊媒体質になることもしばしばあります。これが慢性化すると、本物の霊媒体質者になってしまうのです。

ところで、人間界側にあって死の壁から遠く離れている人は、予知や霊による怪奇現象とは無縁な生活をしています。死の壁から離れれば離れるほど、低級霊の集まりやすい世界と縁遠くなるからです。ですからしばしば、こうした人たちは、霊界というものの存在が理解できず、霊に無頓着な人が意外に多いのです。

生活態度が立派で、霊媒体質には縁遠い人でも、たとえば学者のような立派な研究者であっても、研究に行き詰まり心身に疲労が蓄積すると、知らないうちに霊媒体質に変質して低級霊に取り憑かれることもあります。研究に没頭するあまり、守護霊への感謝の祈りをおろそかにして、いつの間にか低級霊の侵入を許してしまうことがあるからです。

悩める人も悩みなき人も、健康に自信のある人もない人も、日ごろから霊についての関心を怠らず、霊魂の存在をしっかりと心にとめおいて生きることが肝要なのです。

霊媒体質者の見る地獄

若き初代会長隈本確教祖を次々に襲う強烈な霊体験

先に、初代会長隈本確教祖も若いころは驚異の霊媒体質だったと書きました。霊媒体質であるがゆえの奇妙な予知体験のことも書きましたが、実は初代教祖を襲った霊媒体質ゆえの悲劇と苦悩は、そんな予知などという生やさしいものではなかったのです。

ここでは、私が子供のころに聞いた父・隈本確の地獄の苦悶ともいえるような霊体験の数々を振り返ってみましょう。

始まりは十二、三歳、中学生になって間もないころでした。ある真夜中、すやすや眠っていると突然、胸元を締め付けられるような息苦しさに襲われてハッと目覚めたのです。呼吸が完全に止まっていて、息を吐くことも、吸うこともできないのです。死の恐怖が津波のように押し寄せてきました。

一刻の猶予もありません。もがくように布団をはねのけ、真っ暗闇の部屋の中を転げ回り、暴れ回りますがしかし、息のできない苦しみから逃れることはできません。苦しさのためにに喉をかきむしり、「助けてくれ！」と声にならない叫びを発し、天に助けを求める。そのうち体の芯のほうから何かが抜けていく気がして、急激に意識が薄れていくのでした。

「もう、ダメだ……」

ふと気がつくと、深夜、乱れた布団の上に座り込んでいる自分がいるのです。何が何だかさっぱりわかりません。真っ暗闇の蒲団の上で、とめどなく涙があふれでるのです。

この突然の呼吸停止という奇妙で不可解な死の恐怖は、一晩で終わることはなかったのです。その夜から毎晩のように、中学生になったばかりの父を襲ったのです。夜が来るのが恐くなり、寝るのも恐い。寝不足と恐怖で心身は絶望的に疲弊し、死にたいとさえ思うようになったといいます。

そのうち、昼間には心臓の鼓動が異様に激しくなる発作に見舞われるようになったのです。心臓の激しい鼓動が外部の空気を震わすようにして、耳に響いてくるのです。ドキドキという通常の音ではなく、パクパク、あるいはバクバクという、切迫した鼓動音でした。心臓が破裂したら一巻の終わりです。その恐怖で微動すらもできなかったのです。こうして、死の恐怖を味わうこと数十分、心臓の高まりが徐々におさまりはじめ、ようやく安堵するのです。

夜には息のできなくなる恐怖、昼には逆に過呼吸ともいえる心臓の異常な鼓動——。

人に話してもわかってもらえない、家族にも話せない。

「この先自分はどうして生きていくのか。この得体のしれない苦しみは一生続くのか」

中学生のころから、父は毎日そんなことばかり考えていたといいます。しかし、そこはまだ子供ですから、日常生活ではまだ小学校時代からのやんちゃ坊主ぶりも十分発揮していました。生まれつき向こうっ気が強く、気も短いほうだったので、たいそうけんかっ早かったのです。売られたけんかに、負けたためしはなかったというのが自慢でした。

ところが、二十歳をすぎるころから、もうけんかどころではなくなったのです。そのころには、先の心臓発作のような苦しみはなくなっていたのですが、霊視や霊聴現象がひどくなったのです。そのために肉体はバランスを崩し、その痛み、きしみが全身に広がってきたのです。

たとえば、頭がズキン、ズキンと痛み、こらえよう、我慢しようと思っても、その痛みのために顔つきまでゆがんでしまうほどなのです。そういう状態が何年間もしつこく続くと、「いったい、自分の頭の中はどうなっているのか、この痛みの正体をつきとめてやりたい」と思うようになり、マサカリやオノで頭をたたき割り、脳みそを全部引き出してしまいたい衝動にかられたといいます。

頭痛ばかりではありません、激しい胃の痛みもあり、これには七年間も苦しみました。あまりの痛みに顔面は蒼白となり、ひきつり、毎朝ふとんから起きだす時は大変な痛みを伴うのでした。刀で腹を一文字にかき切って胃袋をひっつかんで取り出し、力いっぱい地べたに投げつけてやりたいと、いつも思っていたそうです。

さらには、こんなこともありました。猛暑の続く夏真っ盛りの七月〜九月の三カ月余り、日中の午前十一時から午後四時ぐらいまでの間、耐えがたい寒気《さむけ》に襲われた年があったというのです。

それは、午前十一時を告げる時計の音とともにやってきました。突然、ブルッと悪寒がしてきて、それが全身にまたたく間に広がるのです。真夏だというのにふすまも障子もピッタリ閉め切り、冬布団を重ねた中にうずくまるようにして震えていました。いくらふとんやこたつで暖めようとも、体の芯の方から襲ってくる寒さのためになす術《すべ》はなかったのです。ついには、ふとんをかぶったまま熱いうどんを食べることで、どうにか凍え死ぬことをまぬがれたそうです。

そして、ボーン・ボーンと柱時計が四つ鳴ると、それまでの異常な寒気は、体の内側から氷が解けていくように消えていったのです。しかし翌日の午前十一時になるとまた、体の中からその耐えがたい恐怖の寒さが襲ってくるのでした。

初代会長隈本確教祖の予知体験——同窓会のメンバーの死を次々に当てる

これからお話することは、初代会長隈本確教祖が三十代前半のころに体験した実際の出来事です。父はそのころ、その強度な霊媒体質ゆえに苦しみ、苦悩し、また周囲から奇異の眼で見られていた時期でした。

当時、中学時代の気の合う仲間連中が集まって、年に二回ほど同窓会を開いていたのです。人数は十二人程度で、昔は悪ガキでしたが、いまはみなそれぞれ仕事を持ち、家庭を持って子供もいる者もいる。悪童時代の話で盛り上がったり、現在の仕事の悩みなどをワイワイ話して旧交をあたためていたわけです。

ある時、メンバーの一人が酒に酔った勢いで初代教祖にからんだのです。

「おい、隈本君、君はなにか、人が死んだり事故に遭ったりするのを前もって当てるそうじゃないか」

興味と疑惑の入り混じったような表情の下に、からかうような侮蔑の想いが隠されているような物言いでした。最近は、オカルトとかスピリチュアルがブームで、心霊現象といっても忌み嫌われるようなことは少なくなりましたが、当時（昭和四十年前後）は科学崇拝が強い時代で、心霊氷河期ともいえる時代でした。

「隈本君、本当にそんなことってあるのかい。人が死ぬのがわかるなんて」

酒が進んでいるせいもあったでしょうが、友人は心なしか挑発するような態度だったといいます。

「うーん」、父は困ってしまいました。しかし、まだ若く未熟で、神霊の研究に入ったばかりでしたから、売り言葉に買い言葉です。

「わかるよ！」

父が断言すると、その友人は侮蔑の表情をあらわにして、

「では聞くけど、この十二名の悪童メンバーのうち、誰が一番先に死ぬのか、君は当てることができるのか？」

「ああ、簡単だよ」

「ほう、じゃあ、誰が一番早く死ぬのか、聞かせてもらおうじゃないか」

ここまできたら、もう引き下がるわけにはいきません。そこで父は、この場で名指ししてもいいかどうか、みんなの同意が必要だというと、その友人が他のメンバー十人に問いかけて、全員がOKとなったのです。それまでワイワイ、ガヤガヤだった座がシーンと静まりかえりました。

「みんな、本当にいいんだな」

「おお、いいよ」

全員一致の声。

「では発表しよう。最初は、F君、君だ」

沈黙が困惑に変わりました。

「そんな、馬鹿馬鹿しくて話しにならん。見てみろ、Fはこんなにピンピンじゃないか。さあ、もう一度飲み直しだ」

こうしてその場はお開きになり、二次会へとなだれ込んだところで、F君が、「おい、隈本。オレに何のうらみがあるんだ。冗談も休みやすみに言えよな」とからんできたのです。険悪になりかけましたが、「まあ、まあ」と仲間が止めに入って、その夜は解散したのです。

そして半年後、F君は突然死亡したのです。死因は肝硬変だったということです。

みんなはあっけにとられました。

メンバーに緊急招集がかけられ、父は非難の的になりました。「F君の死は単なる偶然だった」「人の死を予知できるなんて、ありえない」「おい、隈本。君の予言はあてずっぽうだ」「当たるというなら、次の死者を予知してみろ」というわけです。まだ若かった初代教祖は辛抱できず、それらの非難に対抗するように、禁断の予言を発したのです。

「それなら言ってやろう。次に死ぬのは……」

それからほどなく、悪童会のメンバーがまた一人亡くなりました。もちろん、父が名指しした人物でした――。

見えてしまう悪霊の姿

以上のように、最強度の霊媒体質者の苦しみは、初代会長隈本確教祖だけに降りかかってくるものではありません。もちろん、私自身も霊能者として、数多くの霊媒体質者と接する中で、さまざまな苦しみや悲しみ、痛みを共有してまいりました。

たとえば、このような方がおられました。さる有名大学の教授夫人から、引きこもりの息子さんのことで至急相談に乗って欲しいと、私を指名してこられたのです。なぜ、私なのか聞くと、「息子があなた様に来てほしい」ということでした。

息子さんは三三歳。二五歳ごろから家に引きこもって、かれこれ八年間も家の外に出たことがないというのです。なぜ、引きこもっているのか、その理由を聞くと、「外に出るのが恐いといって、ブルブル震えだして、何もしゃべろうとしないのです」とのこと。こういう時、本来なら日神会の長崎聖地に来ていただいて相談を受けるのですが、特別に出張治療となりました。

「ピン・ポーン」玄関のホーンを鳴らすと、品のいい夫人に出迎えていただきました。緑の芝生が敷き詰められた庭、有名建築家の設計によるというモダンな建物、家の中もきれいに片付いております。

やがて、夫人とともに引きこもりの息子さんが現れました。礼儀正しく一礼して私の前に座りました。一見、聡明そうで、顔は青白いものの、取り立てて異常な雰囲気はありません。私は、息子さんにまず問いかけました。

「なぜ、私のことをお知りになったのですか？」

「引きこもりになって、家の中でパソコンを見ていた時、たまたまネット販売で『新霊界シリーズ』の本を見つけ、興味が湧いて購入したのです。それを読んで、ああ、この人なら自分の苦しみをわかってもらえる、自分を救ってくれると確信しました。そして、自分は引きこもりではありません、外に出るのが恐いだけなのです」とも付け加え、自分が今の境遇に陥った理由を告白しはじめました。

その話を要約すると、次のようになります。

息子さんは一流大学を出て、上場企業に就職して将来を嘱望されていました。ところがある日、朝の通勤電車の中で突然、奇妙な声を聞いたのです。

「おい、お前はなんのために働くのか？　こんな意味のない人生なんか捨ててしまえ！」

最初は小さな、蚊の鳴くような声だったのですが、それは次第に大きくなって、鼓膜が破れるのではないかというほどの大音響になり、思わず耳をふさぎました。周りにも聞こえているだろうと見まわすと、誰も知らん顔で吊り革を持って窓の外の景色をぼんやり見ていたり、眼をつむっていたりで変化はありません。

「お前はなんのために働くのか？　意味のない人生なんか捨ててしまえ！」

その怒号のような声は耳の奥で鳴りやまず、ついに耐えきれなくなって、次の駅で下車したのです。すると、その怒号はうそのようにピタリとおさまりました。

仕事の無理がたたって幻聴を聞いたのかと、しばらくホームのベンチで休んで再び電車に乗りました。すると、何ごともなく会社の最寄り駅まで到着したのです。そして翌日、同じ電車で通勤していると、昨日とほぼ同じ地点にさしかかったところで、また聞こえてきたのです。

「お前はなんのために働くのか？　意味のない人生なんか捨ててしまえ！」

最初は蚊の鳴くような声、やがて大音響の怒号となって息子さんを襲うのです。たまらず、途中で下車してベンチで休憩。こんな日が数日続きました。そこで、一つ早い電車に乗車してみました。

するとどうでしょうか。いつも幻聴の聞えはじめる地点にさしかかったところ、いきなり目の前が真っ暗になったかと思うと、電車に跳ね飛ばされる女性の映像が見えたのです。長い髪は乱れ、手足は空をつかむようにもがきながら、スローモーションのように空を飛んで、線路上にドサッと落ちたのです。どくどくと流れ出る血、頭は砕けて脳みそが飛び出しています。そして、その目は吊り上がって不気味に輝いているのです。

「うわぁぁぁぁ〜」

思わず声が出て、その場にへたり込んでしまいました。そして気がつくと、いつもの駅のベンチに寝ころんでいるのです。駅員に、さっき事故がなかったかとたずねても、そんな情報は入っていないというのです。

わけが分かりません。

その翌日、恐る恐る昨日と同じ時刻の電車に乗って通勤すると、やはり同じ地点で目の前が真っ暗になって、昨日と同じ残虐な光景が展開したのです。

もう、電車に乗るのが恐くなり、自転車通勤に切り替えました。住まいから会社まで、ちょうど三十分くらいの距離ですから、いい運動にもなります。

自転車通勤の三日目。軽快にペダルをこいでいると、耳元でささやく声が聞こえます。

「この道は危ない。回り道をして行け！」

というのです。無視して進んでいると、しだいに声が大きくなって、「お前、死んでもいいのか？　回り道をしろ！」と耳をつんざくような怒号。たまらず、急ブレーキをかけて次の角を曲がって大通りの交差点に出ました。

そして、赤信号を待っていると、右折しようと曲がってきた乗用車に、直進のバイクが激突したのです。バイクは乗用車のフロントに乗り上げ、ヘルメットが飛び、そして運転者は空高く舞い上がって、自転車で信号待ちをしていた息子さんの目の前に頭から墜落。グシャッという骨の砕けるような何とも形容しがたい音がして、やがて体液が衣服を染めていきました。

息子さんは思わず目をおおいましたが、すぐ我に返り、近くにあった交番に自転車で駆け込んだのです。

「た、大変です。車とバイクが衝突して、ライダーが路上で血みどろになっています！」

警官と一緒に駆けつけると、しかしその交差点に何も変化はなく、通常どおり自動車は行き交い、歩行者は信号待ちをしています。事故のかけらさえ、そこにはないのでした。

ウソの通報ということで警官にこってりしぼられたその翌日、ペダルをこいで通勤していると、またも声が聞こえてくるのです。

「きょうも、あの交差点を通れ！」

従わずにいると大音響になるのでその通りに走ると、今度は子犬を連れた子供とそのお母さんが、はねられたのです。しかし、これもやはり幻でした。いくら、事故があったと訴えても、誰も相手にしてくれないのです。

いったい、これはどういうわけなのか。

「もう会社へ行きたくない、外へ出たくない」

両親は心配して事情を問いただしますが、息子さんは自分の見た光景を誰も信じてくれないと思い、かたくなに口を閉ざしてしまったのです。実際に、新聞を見ても自分の見た事故のニュースなどはまったく載っていないのです。そんな話を両親にしても、頭がおかしくなったと思われるだけです。親にそういう心配をかけたくないという思いも働いていたのです。

それでも、当初は無理にでも出社していました。ところが、ある取引先とホテルで食事会ということになりました。その会場で、「本日のメイン料理でございます」とうやうやしく供された最高級国産牛のステーキにナイフを入れると、その切り口から、あろうことかウジ虫がゾロゾロはい出てくるではありませんか。ギョッとして、思わず皿ごと放り投げてしまったのです。

食事会は台無しです。もちろん、その取引も中断。息子さんは配置転換で閑職に追いやられてしまいました。もう、外出するのは無理だ！　息子さんはほとんど家からでなくなりました。そして会社は当分の間、病気療養のため休職扱いになりました。

両親は心配して、結婚すれば気分が変わるだろうとお見合いを画策しました。父親は大学教授で、本人は一流大学卒業、休職中とはいえ一流企業の社員ですから引く手あまたです。ある中小企業社長の娘さんと話がまとまりそうになり、その家にあいさつに出向くことになりました。その社長は、息子さんをいずれは自分の跡継ぎにと考えていたのです。

その家を訪問した時、息子さんは驚くべき光景を目にしたのです。なんと、着物姿でうやうやしく迎えてくれたその娘さんは、口が裂けた狐の顔だったのです。しかも、長い髪の間からピカーッと妖しい眼光が輝いていたのです。息子さんは飛んで家に帰ってしまいました。

それからは一歩も家から出ていないのです。もちろん、会社も依願退職ということになってしまい、現在に至っているのです。

さっそく、神霊治療を施しますと、低級霊や悪霊の類がひんぱんに出入りしていた形跡がうかがわれました。息子さんは典型的な霊媒体質だったのです。その低級霊の足跡をたどってみると、納得がいきました。

まず最初の通勤電車の中での映像ですが、これは過去に女子高生が飛び込み自殺をした現場でした。早熟の秀才型女子高生で、哲学に興味を持って人間ついて深く考えるようになり、挙げ句に人間として生きることに絶望して死を選んだのです。その霊魂が現場に舞い戻り、息子さんの幽体に呼応したのです。

次の、交差点での事故ですが、この交差点は〝魔の交差点〟と呼ばれる死傷事故の多い場所で、私が調べてみましたら周辺には交通事故で亡くなった人たちの霊がふらふらと夢遊病者のように浮遊していました。

三番目のホテルのレストランでのウジ虫の件ですが、このホテルの建つ場所は戦争中のB29による大空襲で焼けたビルの跡地に立てられたもので、その時に焼け死んだ死体の収容地にもなっていたのです。その半焼けの無雑作に積み上げられた死体には、無数のウジ虫がわいていたといいますから悲惨です。丁重な供養もされないままに死んだ名もなき人の霊が、その苦しみを訴えたのです。

最後の中小企業の社長さんの家を訪ねた時の狐憑《つ》きの口が裂けた女性の姿ですが、これは社長の前妻の姿でした。その社長は妻がありながら、若い女性とねんごろになり、二人で共謀して家から妻を追い出しにかかったのです。前妻はショックで心を病み、肺も患って、あっけなく死んでしまったのでした。その恨みの怨霊が家に取り憑いていたのです。

霊媒体質の息子さんには、それがはっきり見えたということなのです。

このように、霊媒体質者は、この世にあって普通では考えられないような怪奇現象に遭遇したり、また地獄のような恐ろしい光景を見ることになるのです。これは、体質的・心質的に霊との交流が深い霊媒体質であるがゆえに生じてくる憑依現象なのです。

私は神霊治療によって、息子さんの霊媒体質を矯正し、そしてご先祖の守護神を手厚くお招きいたしました。これにより、息子さんは長い間の引きこもり状態から立ち直り、正常な生活にもどることができたのです。その後、その息子さんは日神会の神霊治療に興味を持ち、神霊能力者としてその身を現界で悩める人々のためにに捧げようと、修行の毎日を送られています。

私の父であり、初代教祖の隈本確も若いころは強度の霊媒体質ゆえに大変な苦しみを味わいました。しかしその体験があってこそ、父は神霊治療という驚異の人間救済・浄霊法を会得できたということを忘れてはなりません。その息子さんもきっと、現界と霊界とをつなぐ神霊能力者として、力を発揮してくれるでしょう。

私自身も強度の霊媒体質からはいあがった

実は私も父同様に子供のころから霊媒体質でありました。しかし私の場合は、父の守護霊の加護があったからだと思いますが、当初は不幸とか、痛み、苦しみ、妄想などマイナスの霊現象とはあまり縁がありませんでした。

あれは小学三年生のころでした。近所に住む同い年の文博君と遊んでいた時、五時を知らせるサイレンが鳴りました。いつもは、そんなのおかまいなしに暗くなるまで遊びに熱中するのですが、その文博君が、「きょうは帰る」というのです。

「どうして？　もっと遊ぼうよ」というと、「今夜はハンバーグなんだ。だから、お母さんが早く帰っておいでって」

ハンバーグは文博君に限らず、子供はだれでも大好きです。

「ハンバーグ？　うらやましいな」

と私がいうと、「正《しょう》ちゃんのおうちは、きょうのご飯はなに？」と聞き返してきたのです。

私の名前は正二郎で、みんなから〝正《しょう》ちゃん〟と呼ばれていたのです

その時です。私の脳のモニターのような、スクリーンのようなところに、サーッと何かの絵柄が鮮やかに映し出されたのです。初めての霊視体験でした。よく見るとそれは、自分の大好きなカレーライスだったのです。それで思わず、

「ああ、ぼくん家《ち》はカレーだよ」と自然に口にだしたのです。本当にカレーなのかどうか、

そんなことはわからないのに、その映像が見えたので、ついそう言葉に出てしまったのです。

「ただいま〜」

家に帰って勢いよく玄関から飛び込むと、「プ〜ン」とカレーのニオイが鼻をくすぐるのです。「やっぱり、カレーライスだ!」といって、母親に訳を話すと、不思議そうな顔をしたのを今でも覚えています。それからというもの、「今夜はギョウザ」とか「豚の生姜焼き」などと、なんでもピタリと当たるのでした。

そして小学六年生のころ、父親の前で、「父さん、今夜のおかず、何だかわかる?」と聞くと、「はっははは、オレにはたやすいことだが、お前にはわからないだろう」というのです。私は得意顔で、

「わかるよ、コロッケと豆腐のみそ汁だよ」

と答えたのです。すると、それまで笑っていた父親の顔がみるみるゆがんでいくのがわかりました。そしていきなり、左右からパン、パンと平手が飛んできて、頭をゲンコツで思い切りたたかれたのです。

そして父親は今まで見たこともないような鬼の形相で怒鳴ったのです。

「正二郎、お前は二度とそんな遊びをするんじゃないぞ。もし、またそんなことをしたら、地獄に突き落としてやる。そして、閻魔様の餌食になるのじゃ！」

眼から炎が燃え上がるような怒り方に私は心底震え上がりました。おそらく父は、父自身が大変に苦しんだ霊媒体質者の宿命を、私に負わせたくないという一途な想いで怒り心頭に達したのだと思います。かわいい息子に、自分が味わったような塗炭の苦しみを与えたくないという親心でしょう。

その時以来、私は自分のそうした特殊な能力を封印しました。

ところが、どうしたことでしょうか。中学校へ通いはじめたころからまず、体に不調が現れはじめました。毎晩のように金縛りに襲われて動けなくなるのです。寝ている私に強大な力が加わり、苦しくて、痛くて我慢ならないのです。

また友人と楽しく遊んでいる時でも、急に呼吸困難になったり、また背中を蛇がはいまわって噛みついてきたり、口からウジ虫のような奇怪な生き物がゾロゾロとびだしてポロポロ地面に落ちたりということもありました。そんな話をすると、友人たちは気味悪がって、だんだん私から距離を取るようになっていきました。

勉強していても、突然ノートに書いた文字がニョロニョロとミミズや尺取り虫のようにはいだしたり、教科書を開くと、鬼のような形相の黒い影が怪鳥のように飛び立ち、勉強部屋をバタバタと飛び回るのです。

頭が割れるような、強烈な痛みにも何度も襲われました。霊媒体質ゆえに低級霊によって引き起こされる霊障というのは、単に「痛い」という言葉だけでは到底いい足りないほどの強烈な痛みなのです。それはたとえば、頭に釜をかぶせられ、鉄の玄能《げんのう》で思いっきり、何十回もなぐられ、脳みそはズブズブとふくれあがって頭蓋骨《ずがいこつ》から飛び出し、脳みそが二回、三回と回転しながら誰かにわしづかみにされているような感じなのでした。

さらには大蛇に巻きつかれて身動きが取れず、内臓は破裂寸前、骨はギシギシ音を立てていまにも折れてしまいそう……。こんな地獄のような、誰にも訴えることのできない苦しみの日々が十年近くまで続いたのです。

二十歳になったある日、私は父に呼ばれました。

「正二郎、お前は自分の霊媒体質ですごく苦しみ、悩んでいるだろう。お前も知っての通り、霊媒体質というのは普通の人と比べて心身に霊を受けやすい。そのため、心身には何ともいえない、言葉では痛みや苦しみというういい方になるが、おそらくその痛み苦しみは言葉では表現しようがないのではないのかい？」

父は私の苦しみの深さを十分にわかっていたのでした。さらに、続けていうのです。

「日神会にはお前のように霊の取り憑きを受け、霊媒体質で日夜苦しんでおられる方が多数お見えになっている。ここでお前に、アドバイスを一つしておくが、自分が霊媒体質だからといって悲観したり嘆いてはいけない。霊媒体質ゆえの特権もあるんだよ」と。

そして父は、小学六年生の時に予知を自慢した私に、平手打ちとゲンコツを見舞った、その真相を語るのでした。

「正二郎、その時から私はお前の守護神であることを辞めたのだよ。獅子はわが子を谷底に突き落とすという諺があるだろう。あれと同じで、お前を甘やかしては、将来とんでもないことになる。そこで、谷に突き落とし、あらゆる苦行を体験させたのだ。守護神の庇護を失ったお前は、その時から、強度の霊媒体質ゆえにさまざまな凶悪な低級霊に取り憑かれ、ほぼ十年間、悪霊たちに心身を蹂躙《じゅうりん》されたであろう。それでも、泣き言一つ言わず、弱音も吐かず、たった一人でよく耐え忍んだものだ。さあ、もうこれからは、その強度の霊媒体質であるがゆえの特権をいかして、世のため人のためになる修行をするのだ」

私は生まれた時から初代会長隈本確教祖の強力な守護霊に守られていたため、低級霊が寄り付いてくるということはなく、常に高級神霊の加護のもとにあったのです。それが、幼いころの私の予知自慢の真相だったのです。その高級霊による庇護というはしごを突然外された私は、それ以降、強度の霊媒体質者としての辛酸をなめてきたのです。しかしそれは、父親である隈本確からの愛のムチであったということなのです。

「霊媒体質というのは、霊を呼び込みやすい体質だね。霊には低級霊もあれば高級霊もある。お前がこれから日神会で修行を積み重ねていけば、『聖の神』のエネルギーも感じやすく、そのご加護をいただきやすくなるともいえるんだよ。自分は霊媒体質だから救われないんだと悲観したり嘆くのではなく、霊媒体質だからこそ、人一倍の『聖の神』の強大なるお力、エネルギーをいただくことができるのだ！　いただけるのだ！　と思い念じなさい。そして、自分の胸の心の世界に、いつも真っ白くキラーッと輝く『聖』の文字を描きなさい。この『聖』の文字を常に心に描き、抱いているということは、『聖の神』を自分の胸の心の世界へお招きする、来ていただくことになる。そうしていつも、『聖の神』と一心同体という心の生活を送りなさい」

こうして、私は日神会へ入会して修行の道を歩むことになったのです。しかし、当初は霊障がまだ治まらず、不安な毎日を送っておりました。すると、また父に呼ばれたのです。その時はすでに、隈本確は私の父親というよりも、私の中では尊敬すべき日神会会長としての隈本確にかわっていました。

「正二郎、お前の一番の不安は自分自身の命の心配だろう。ここ十年間にわたる霊の取り憑き、霊の厄《わざわ》いのために、常に心身が痛みや苦しみにさいなまれ、死の恐怖に脅《おびや》かされてきたため、いまだに自分の命に対する不安につきまとわれているのであろう。なぜそのような恐怖がいつもあるのか、答えは簡単なのだ。それは、まず第一にお前自身の『聖の神』に対しての心の底からの信仰の不足にある。『聖の神』はわが命！『聖の神』はいつも自分の心の中にいらっしゃる！　もし、心身に痛みや苦しみを及ぼすような霊を受けても、必ず『聖の神』の強制浄霊法で霊の取り憑きを解消できる！『聖の神』の強制浄霊法で必ず自分は救われる！　このような信念、確固たる信頼、信仰の心がたりないからなのだ」

会長はズバリと私の心の中を見抜いておられました。そしてさらに、次のようにお話になったのです。

「第二の原因は、肉体の健康管理である。食べる・動く（体を動かす、運動する）・眠る――この三つを日常生活で十分に行うことが必要なのだ。『聖の神』を心から信仰して、そのお力を十二分にいただき、さらに食べる・動く・眠る、この肉体の健康管理が行き届いていれば、自分の命の心配などでてくるはずはない。『聖の神』への心からの信仰心が不十分だったり、肉体面の健康管理が不足しているから自分の命が心配になるのであろう。いますぐ、『聖の神』への信仰の心を見つめ直して反省・改善し、健康管理もこれで十分と決めてしまわず、こよなく精進しなさい」

こうした経過をたどって、日神会の二代目会長としての現在の私があるのです。

さて、先の『プロローグ』でも書きましたが、霊能者というのは、程度の差や体質・心質の差はあれ、基本的には霊媒体質者である場合が多いのです。しかも、優秀で力のある霊能者ほど、強度の霊媒体質である場合が多く、それを自らの力で克服し、神霊エネルギーを味方につけた者こそが、真の神霊能力者といえるのです。

ところが世の中には、安易に霊能者を名乗る輩が最近とくに増えており、私どもとしては由々しき事態だと感じています。

一般的に霊能者といえば、先ほどのような普通の人には見えない光景が見えたり、自分では思ってもいないような予知・予言をしたり、また怪奇現象を起こしたり、また遭遇したりというような人まで含まれているようです。しかしそれらは、単なる霊媒体質者であるにすぎず、霊能力者とまではいえません。

では、真の霊能力者、すなわち神霊能力者とはどのような人をいうのでしょうか。これは、前にも述べましたが、「霊を自分の意志でコントロールする力を持つ人」のことです。

つまり、自分が霊視したいと強く念じた時に正しい霊視ができ、霊言をしたいと念じた時に正しい霊言を得ることができるということです。いい換えれば、霊能力者とは「自己の意志でいつでも死の壁を超えることができ、霊界と自由に交流ができる能力のある人」ということなのです。

これに対して、自分の意志とはおかまいなしに霊視や霊言、霊聴などが現れるというのは神霊能力とは無縁なことです。それはいわば、単なる霊媒体質による低級霊の憑依現象の一種でしかないのです。ですから、その多くは世の中に役立つものではなく、むしろその人を苦しめたり、また予知をしても信ぴょう性の薄いものがほとんどです。

このような似非《えせ》霊能力者に限って、「守護神様が現われて、ありがたい霊示をくださった」とか、「あなたの未来が見えた」、あるいは、「あなたの病気の原因がわかった。こうすれば、絶対に治る」などといってたぶらかすのです。余談ですが、〝たぶらかす〟は漢字で「誑《たぶら》かす」と書きます。つまり、〝狂ったことを言う〟という意味なのです。こういう、霊界をコントロールできない単なる霊媒体質者にだまされてはいけません。

ただし、霊能者といえども、人間に能力差があるように、いろいろな段階、つまり能力の段階があるということに注目していただきたいものです。

霊界には地獄魔界から天界神聖界《てんかいしんせかい》（天命界）まで、さまざまな段階があります。この段階のうち、自分の魂の波長をどこに合わせられるかということで、霊能者としての実力がほぼ決定するのです。つまり、ひとくくりに霊能者といっても、そのひとりひとりをみてみれば、その霊界感知交流能力は異なっているということなのです。

通常、霊能者といわれる人の多くは、地獄魔界や幽界、高くてもせいぜい薄青《たんせい》の座の下位程度といった、霊格の余り高くない段階の霊としか波長を合わせることができないというのが現実なのです。これでは、とうてい神霊治療などはできるはずがありません。霊の世界は、前にも申しましたが霊格の低い霊は、霊格の高い霊に従わざるを得ない世界なのです。

たとえば、霊能力者が憑依した霊を徐霊、浄霊しようとした場合、その憑依霊よりも霊格が低いと、逆に自分に憑依されて体調を崩したり、不幸のどん底に落ちる場合もあるのです。少しばかり霊感があるからといって、安易に霊能者として振舞うことの危険性がおわかりいただけると思います。

力のある神霊能力者とは、神霊治療を施すことができる人のことです。霊界の段階でいえば、高級霊界である神界の霊たちと波長を合わせることができ、自在に交流することができる人ということができます。

世の中には、長い間病気で苦しんでいたり、また事故や災難にひんぱんに遭う、才能を持っているのに実力が発揮できないなど不幸を背負った人がたくさんおります。そのほぼ八十パーセントは低級霊の仕業であると私は考えています。この低級霊に対処できるのは力のある神霊能力者しかいないのです。

Part. 2

霊の力と予知の原理

潜在意識と超意識の交流体

人間は誰もが神や霊と接触を持ちながらこの世（現界）を生きています。霊媒体質者はもちろん、霊の世界などあるはずがないという霊の否定論者でさえ、本人はまったく気づかないうちに低級霊に取り憑かれて病気になったり事故に遭ったりなどしているのです。

また、現界に生きている人のだいたい八十パーセント以上の人は、何らかの霊的な体験を持っているものです。虫の知らせとか胸騒ぎ、以心伝心による心の交流なども霊的体験の一種です。

たとえば、あの人は長い間会っていないがどうしているだろうかと思う間もなく、デパートでばったり出遭ったとか、甘いものが食べたいと思っていると宅急便で知り合いからお菓子がタイミングよく贈られてきたなどがそれです。

虫の知らせとか、胸騒ぎで命拾いをした方もたくさんいるはずです。

日神会の会員で兵庫県の三田市《さんだし》にお住いの女性の話です。大阪の娘夫婦の孫の顔を見にいこうと電車に乗ったのですが、車内で気分が悪くなったのです。我慢して乗っていたのですが、電車が進むにつれて吐き気が強くなり、いよいよ我慢たまらなくなり、途中下車してトイレに駆け込んだのです。

そしてしばらく駅舎の長椅子に横になって休んでいたところ、構内放送でその電車が大事故を起こして多くの死者やけが人が出たのです。その女性は、「吐き気がして助かった。これが虫の知らせというのかしら」と回想しておられました。また、戦争中に、急に思い立って田舎の親戚の家に疎開したところ、翌日になってその都市が空襲で焼け野原になったと知らされ、震えが止まらなかったなどの体験談もそうです。

虫の知らせとか胸騒ぎは、あまりいい知らせではない場合が多いのですが、こうした自分を守ってくれるようなことは、守護神のお導きであるケースがほとんどです。

死んだ母が夢に出てきたとか、お世話になった人が不意に夢に現れて連絡すると、ちょうど夢に現れた時刻が臨終だったとか、こういうことはだれでも一度や二度は体験しているでしょう。こうした霊現象がもっとはっきりとした形をとってくると、予知とか予言が現れるようになります。

前章でも述べましたが、世の中に予知能力や予言能力のある人はかなり多いのです。予知や予言とは、近い将来、といってもそれは数日後だったり、数週間後、あるいは数カ月後に起こることを、霊言で知らされたり、あるいはそっくりそのままのリアルな情景として心の眼に見せつけられる現象のことです。わが身は現実の世界にありながら、不意にいま一つの異なった世界がはっきりとカラー動画で見えたりするのです。それは、紅蓮《ぐれん》の炎に包まれるわが家であったり、交通事故で跳ね飛ばされる知り合いの姿であったりするのです。

それが単なるフェイク（偽物）ならいいのですが、現実に起こってしまうのです。一回だけなら偶然で片づけられますが、二度、三度、さらに四度、五度と続くと冗談ではすまされなくなります。本人だって、今まで気がつかなかったその隠れた能力に驚き、がく然とするでしょう。

予知や予言が、どうして生じるのかは、もう皆さんはおわかりになっているでしょう。死の壁の向こう側にいるはずの、霊格の高くない霊魂が現界に舞い戻ってきて、取り憑いた人間にささやいたり、映像で伝えてくるというのがその真相です。

ではなぜ、霊は未来に起こることを事前に予知して人間にささやきかけたり、あるいはリアルな情景として見せつけることができるのでしょうか？

このことをわかりやすく説明するためには、まず人間の「意識」ということについて考えをめぐらせ、理解を深めておく必要があります。

日ごろ、私たちは意識という言葉をひんぱんに用います。では意識とは、いったい何のことなのでしょうか？　いったいどんな世界なのでしょうか？　改めてこう問われるとほとんどの人は返答に困るのではないでしょうか。

それもそのはずで、意識とは何者なのか？　というテーマは人類に残された究極の謎とまでいわれ、世界の脳科学者や哲学者、言語学者、生物学者や心理学者、また物理学者までが寄ってたかって、その解明にいどんでいるのですが、いまだに納得のいく解答は得られていないのです。私たちに身近な言葉であるにもかかわらず、「意識」は底知れない神秘に満ちた世界であるといえるでしょう。

意識には顕在《けんざい》意識と潜在《せんざい》意識があることを、大方の皆さんはご存知のことと思います。この二つは、よく海に浮かぶ氷山にたとえられます。すなわち、水面上に見える部分が顕在意識であり、水面下に隠れているのが潜在意識です。

氷山というのは、〝氷山の一角〟という言葉でわかるとおり、見える部分はほんの一部分で、大部分は水面下に隠れています。意識も同様で、私たちが意識できる部分はごくわずかであり、大部分は意識できない潜在意識で構成されています。その割合は一対九といわれ、意識のほとんどの領域は潜在意識で占められているのです。

私たちは日常的に何かを判断したり、決意したり、選んだりしています。また、おいしいとか美しい、嫌だとか常に何かを感じ、喜んだり、悲しんだり、不安になったり、希望を持ったり、絶望したりと、心も絶えず動いています。また、考えたり、勉強したりもします。これらは顕在意識によっています。顕在意識というのは、人間の脳の普段機能している部分です

一方の潜在意識というのは、顕在意識の下に隠れた部分で、壮大な記憶装置ということもできます。そこには、過去に見たもの読んだもの、聞いたこと、観察したこと、受けた印象、考えたことなど、生まれてから経験したすべてのことが、どんな些細なことでも記録され、貯蔵されているのです。そのデータ量はコンピューターどころではないのです。すでに、すっかり忘れてしまっている子供のころの小さな出来事や感情さえも、意識の底にインプットされているのです。

つまり、自分の過去の体験のすべてを記録保管しておく装置が、潜在意識というわけで

す。この記録は、いつも自由に取り出せるわけではなく、何かの拍子に不意に現れます。

私たちは、ある何かの香りや音、出来事などに触発されて、それまでまったく忘れてしまっていた幼児期の体験を不意に思い出すことがあります。それは、潜在意識の領域深くに沈んでいた記憶や印象が、ある種の刺激に反応して顕在意識の領域に浮かび上がってきたことを意味します。まさしく、潜在意識は無限ともいえる記憶の宝庫なのです。

さて、ここまでの意識の世界はだいたい学校で習っていることなので、多くの皆さんは理解できるでしょう。しかし、意識の世界は、そんなちっぽけなものではないのです。

実は、潜在意識のさらに深奥には、「超意識」という第三の意識世界が広がっているのです。

超意識の世界とは、わかりやすくいえば霊の意識の世界です。あなたの先祖の霊や見知らぬ人のさまざまな霊が、意識を通じ合う世界ということです。本当は、もっと奥深くて複雑で、時空を超えた高遠な宇宙世界なのですが、まだよくわからないことが多く、この超意識世界の探求はこれからの私の使命でもあると思っています。

さて、顕在意識と潜在意識、超意識の世界と霊魂との関係をわかりやすく図式化したものが図⑤です。

図⑤　顕在意識と潜在意識、超意識の世界と霊魂との関係

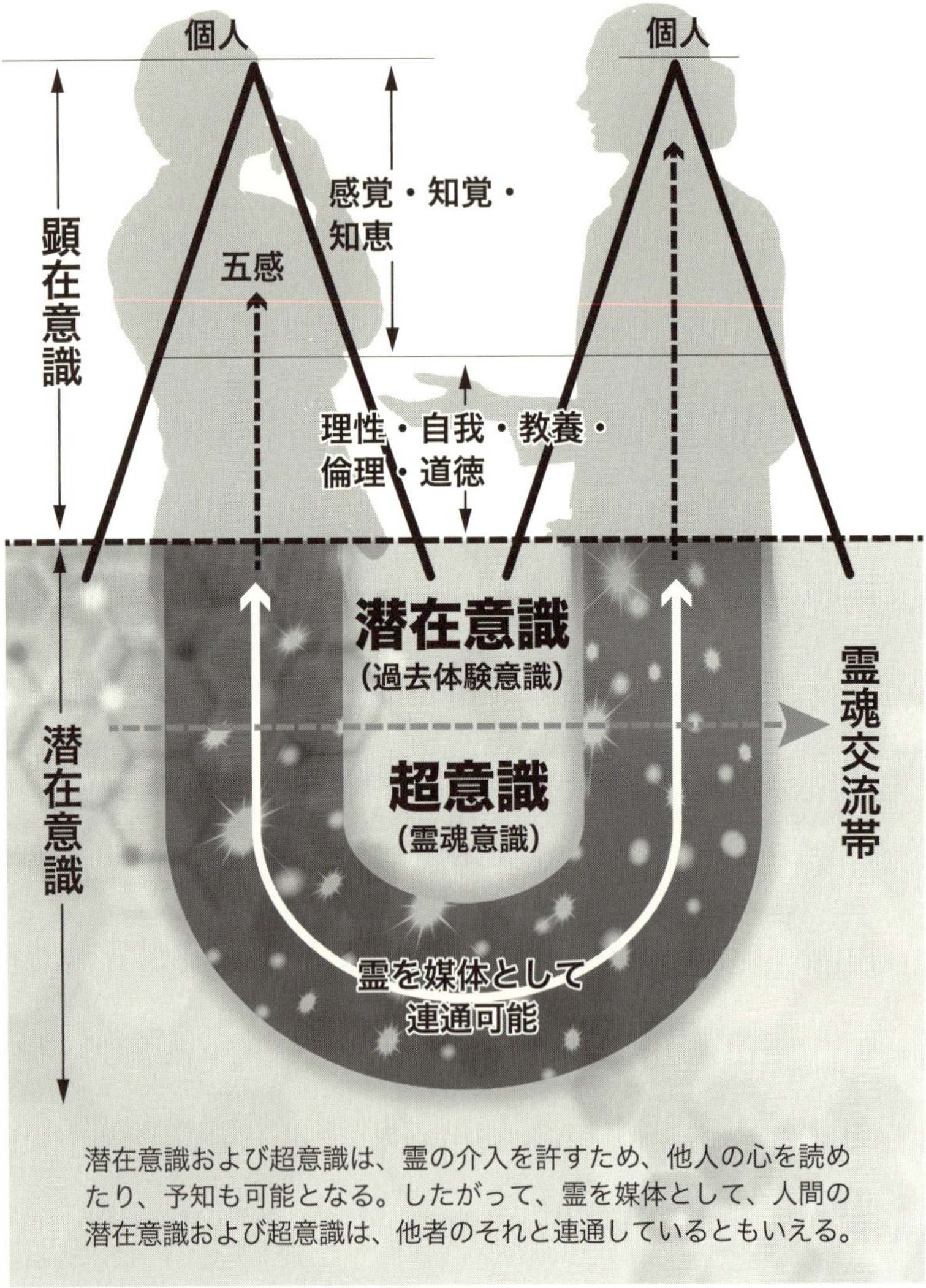

潜在意識および超意識は、霊の介入を許すため、他人の心を読めたり、予知も可能となる。したがって、霊を媒体として、人間の潜在意識および超意識は、他者のそれと連通しているともいえる。

この図でわかるように、潜在意識と超意識の領域は、霊を媒体として他者の意識世界とも交流でき、意識を通じ合うことができるということなのです。これにより、どこの誰がこれから何をしようとしているか、何をたくらんでいるのか、その動向や考えを知ることができるのです。すなわちこのことで、さまざまな予知や予言が可能になるわけです。

予知というのは、人間の超意識や潜在意識を通じて霊界から送り込まれてくる霊界人の通信と考えればわかりやすいでしょう。

ここで重要なことは、人間の顕在意識帯と潜在意識帯・超意識帯（霊魂交流体）の占める割合は、常に一定のバランスが保たれていることが必要だということです。

顕在意識が過剰な場合、人間はとかく目先の判断のみで行動を起こしがちです。洞察力が欠けているので、深く考えないままに判断したり、行動を起こしがちです。やんちゃな子供のような人で、軽はずみな行動が多いので注意が必要です。しかし根は明るく、失敗を恐れず絶えずチャレンジしていきますから、品格の高い守護霊を得れば運命は劇的に好転するでしょう。

一方、潜在意識が過剰な人というのは、物思いや思い出にふけることが多く、愚痴っぽくなりがち。物事がなかなか決められず優柔不断です。レストランに入って、どれを食べようかとメニューに迷うような人がその典型です。病気がちな人とか、高齢になるにしたがって潜在意識の領域が広がる傾向にあります。また、石橋をたたいて渡るといわれる慎重派です。取りようによっては、思慮深く、物事を深く考えられる人ということでもありますから、さほど問題があるわけではありません。

最も問題なのは、超意識帯が過剰な人です。この比率が高くなると、しだいに霊媒体質者・霊媒心質者になっていきます。したがって低級霊に憑依されやすく、予知や霊感現象が現れはじめ、人によっては、うつ病の症状がでたり、精神的に不安定な状態になります。さらには、いろいろな怪奇現象を目撃したり、また自ら怪奇現象の体現者になることもありますす。さまざまな病気や災難に悩まされることにもなるでしょう。この状態になったら、外科や精神科医などの治療では追いつかなくなりますから、少しでも早く日神会での神霊治療をお受けすることをおすすめします。

さて、超意識帯がどんどん過剰になって、潜在意識を占有し、さらに顕在意識にまで勢力を広げてきたらどうなるでしょうか。

こうなると、意識空間に他者霊が自在に出入りするようになります。前に説明した通り、現界をさまようのはほとんどが低級霊です。彼らに次々に入り込まれて傍若無人な振る舞いを受けるとたまったものではありません。極悪な低級霊に入り込まれて、その悪霊に意識を完全に支配されてしまい、人生が台無しになる場合も多いのです。

このような状態になる前に、日神会の神霊能力者による治療を受ける必要があります。

この意識空間のほぼ全体を占有される寸前に助けを求めて駆け込まれた人に神霊治療を施した経験がありますが、通常は数分で終わる浄霊が十数分もかかりました。その人は、重度のガンとうつ病を併発しており、神霊治療で一度は治っても、またしばらくして再発し、これを数回繰り返し、最終的に完治するまでほぼ三カ月を要しました。

このことをかんがみても、神霊治療で完治できるか否かは、その人の意識全体に対する超意識帯の占有率しだいであるといえるのです。超意識帯は、他者の霊とつながっている世界ですから、それらの霊はいつでも出たり入ったりできるのです。これを放っておくと、低級霊に支配されやすくなりますから注意が必要です。

現代人はこうして霊媒体質に変質する

顕在意識帯と潜在意識帯、そして超意識帯という三つの意識帯は、常に一定のバランスを保っていることが必要であるということはおわかりいただけたでしょう。そして、三つの意識帯のうち、超意識帯が過剰になると、いやおうなく霊媒体質になると説明いたしました。生まれつきの霊媒体質ではないのに、なぜ人生のある時期から霊媒体質に変質するのでしょうか。それは、人間としての生き方、品格に問題があります。

現代人は科学の進歩や経済の目覚ましい発展により、人類史上かつてない豊かさを手に入れました。ところが、新聞を開き、テレビのスイッチを入れれば、眼に入り、耳に届くのは残虐な殺人事件やテロ事件、イジメ、詐欺、わが子虐待、ストーカー、不倫、政治家の不祥事など、凶悪な犯罪や乱倫な行為のオンパレード。

人類社会は目覚ましい発展の道を一直線に進んでいるように見えますが、それに反比例するように、人々の精神は荒廃への道を歩んでいるのではないでしょうか。物質的には豊かになりましたが、大切な何かを失っているように思えてなりません。

現代人は、豊かさを追い求めるあまり、時間に追われ、仕事に追われるあまり心身ともに疲弊しています。こうしたことから起こるストレスなどは、家族団らんや気のおけない友人とちょっと一杯、温泉でのんびり、公園でゆったり、趣味やスポーツに親しむなど、くつろぎの時間を持つことで、癒すことができます。

ところが、そうしたくつろぎの時間を十分に持てないほど忙しく、心に余裕がない場合はどうなるでしょうか。心身は慢性的な疲弊状態におちいり、ストレスからうつ病をわずらう人もでてきます。実はこうした状況こそ、超意識帯が勢力を増大させるのに好都合なのです。

それはちょうど、湿度が高くなる梅雨時にカビが蔓延していくようなもので、心身が疲弊すれば顕在意識や潜在意識の活動が低くなり、それに反比例して超意識帯の活動が活発になり、意識の世界全体に広がっていきます。そうなると、それまでは普通の人だったのが、知らぬ間に霊媒体質者へと変質していくのです。

しかし、いくら心身が疲弊していても、霊魂や神霊の存在を信じ、日々祈りを捧げ、おのれの魂を磨いていれば、その守護力が働いて、顕在意識と潜在意識、そして超意識とのバランスは正常に保たれ、霊媒体質が進行していくことはまずありません。霊魂や神霊の存在に疑問を抱いたり否定している人は、そもそも自らのうちに在る守護霊を磨き、鍛えることをおろそかにしていますから、超意識帯の勢力が拡大しても、それを阻止する術《すべ》を知らず、霊媒体質に突き進んでいくことになるのです。

そうすると、先に申しましたように、あなたの心身は低級霊の出入り自由ということになってしまうのです。

次に、人生のある時期から突然霊媒体質になって苦しんだ後天的霊媒体質者の例を二件ほどあげてみましょう。

●ブラック労働で霊媒体質になった――闇夜に浮かぶ奇怪な顔

山下二郎さんは小さなアニメ制作スタジオで働くアニメーターです。日本のアニメは、クール・ジャパンの柱として海外から高い評価を受けており、一見華やかな世界に見えますが、その制作現場は過酷そのもの。ブラック労働の代表的な職場でもあるのです。

子供のころから、山下さんは漫画を描くのが得意で、アニメーターになるのが夢でした。アニメーターというのは、アニメ（動画）の元になる静止画を一枚一枚描いていく地道な手仕事です。たとえば三十分の作品の場合、三千枚を超える静止画を描く必要があります。アニメーター一人が一日に描ける画は、せいぜい二十枚が限度です。

「その一枚当たりの原稿制作料は、二百円程度なんですよ。朝九時から夜の九時まで十二時間、食事時間も切り詰めて働いてやっと二十枚仕上げても、一日四、五千円、一カ月の賃金は十万円ちょっとにしかならないんです」

それでも山下さんは、アニメーターという憧れの仕事に就くことができた喜びと希望にあふれ、仕事に精をだしていました。やがて、同業の恋人もでき、いつしか結婚の夢をふくらませるようになったのです。そのためには、もっと働いてお金をためなくてはと思うようになり、より一層頑張るようになりました。

「最終電車で帰るのはあたりまえで、時には徹夜もいとわず働いていたのです」

こんな過酷な労働が長続きするはずはありません。ある時、ペンを止めてふと窓の外に眼をやると、闇夜に人の顔が浮かんでおり、自分を見ているのです。まったく会ったこともない赤の他人の奇怪な顔です。気のせいだろうと眼をこすって再び見ると、その顔は消えていました。

そして翌日、またふと窓の外を見ると、昨日と同じ顔が闇夜に浮かんでいるのです。そしてその翌日も、また次の日も……。ちょうど一週間がたちました。

その日もその奇怪な顔は現れました。が、眼をこすってもその顔は消えないのです。にらめっこのようになりました。じっと見ていると、その両眼に赤い炎が点火し、たちまちそれは大きくなり、まるで生き物のように山下さんに飛びかかってきたのです。

「うわぁぁ〜！」

山下さんは椅子ごと背後に転倒。他のスタッフが驚いて駆け寄りました。山下さんは、朦朧《もうろう》とした意識の中で、「助けてくれ、助けてくれ」と恐怖に震えていたそうです。

そんな日が数日続いた後、今度は出社しようとアパートを出た途端に、耳の奥の方から突然、怒鳴るような不穏な言葉が聞こえてきたのです。

「殺せ！　お前の敵を殺せ！　誰でもいいからぶっ殺せ！」

その怒鳴り声は、大砲のような大音響で山下さんの全身を貫くのです。耳を両手で押さえ込み、地べたにはうように倒れ込んで、しばらくそのまま耐えていると、やがてそれは治まりました。気がつくと、体に大量の汗をかいていました。

その症状はその後も慢性的に続くようになったのです。そして、イライラがつのり、怒りっぽくなり、誰彼の見境なく食ってかかったりするようにもなったのです。

そんな山下さんの変わりようを見るに見かねた恋人が、山下さんをむりやり日神会の東京聖地に連れてこられたのです。彼女のお母さんが日神会の会員だったのです。

スタッフの神霊能力者が応対しますと、山下さんの意識帯のほぼ七割が超意識帯に占有されており、強度の霊媒体質に変質していることがわかりました。霊視してみますと、山下さんの心身は低級霊にむしばまれて崩壊寸前のところまできているではありませんか。

さっそく神霊治療（浄霊）を行ったところ、山下さんが襲われたさまざまな症状は潮が引くように快癒いたしました。

その後、そのアニメ制作スタジオでは、山下さんの提言もあって社長やスタッフで話し合って労働条件の改善に努めました。業界の体質は一朝一夕では変わりませんが、作画料を値上げしてもらうなどの粘り強い交渉で、徐々に良くなってきているそうです。このまいけば、山下さんは結婚資金の貯えの見通しも立ち、もうすぐゴールインできるのではないかと思われます。

●脱法ハーブ（危険ドラッグ）で霊媒体質になった

次にお話するのは、ある長距離トラック運転手Aさん（四十六歳）の事例です。

十数年前、Aさんは、瀬戸内海の地方都市の大手運送会社の下請け会社の契約ドライバーとして働いていました。働けば働くほど収入が増えていくので、つい無理をしやすいのです。

トラック運転手というのは、単にトラックを運転すればいいというわけではなく、積荷の上げ下ろしという力作業もあります。深夜ぶっ通しで走って早朝現地に着いても、それで休憩できるわけではなく、重い荷物を下ろす作業もやらねばなりません。そして仕事内容によっては、荷物を下ろして空になった荷台に、また新たな荷物を積み込んでとんぼ返りということもしばしばです。

「サービスエリアなどで仮眠を取りながら、往復二泊三日、三泊四日なんてざらにありました。繁忙期には、二泊三日でやっと昼前に家に帰っても、風呂や食事、仮眠をとって夕方にはまた深夜便で出発ということもありましたね」

そんな彼があるとき、疲れ切ってサービスエリアに入り、眠気覚ましに顔を洗っていると、見知らぬ男に声をかけられました。この男は、怪しげなお香の袋のようなものを差し出したのです。

「これで眠気が吹き飛ぶよ!」

「これは…覚せい剤じゃないだろうね?」

「脱法ハーブだよ。違法じゃないから大丈夫。今、若者も大人もみんなやってるんだよ」

昨今、世間を騒がせている違法薬物「危険ドラッグ」が法で規制される前、一般に「脱法ハーブ」と呼ばれていた頃のことです。

Aさんは、巧みな言葉につられて脱法ハーブを吸うようになりました。確かに、徹夜で運転しても全然眠気が襲ってきません。気分はハイになり、三十時間連続で運転しても疲れは感じないほどでした。収入もアップしました。

ところがある深夜、Ａさんはトラックを運転中に、前方の車が火を噴くのを見たのです。あわてて急ブレーキをかけるとタイヤがスリップして、トラックは横滑り。気がつくと、路側帯に停車していました。

窓の外を、他のクルマが高速で追い越していきますが、不思議なほど静かです。それよりも何より、さっき爆発炎上した車はどうなったのか？

救急車も消防車も、パトカーの姿も見えません。ふと気がついて時計を見ましたが、火を噴く車を目にしてから数分もたっていません。高速道路は、正常に機能しているのです。このまま。路側帯に停まっているのは危険なので、Ａさんはエンジンをかけて、ゆっくり走り始め、次のサービスエリアで確かめても、それらしい事故はないというのです。キツネにつままれた気分でした。

それから二、三日後、Ａさんはまた深夜に高速道路を走行中に、同じような光景を眼にしたのです。しかも今回は、炎上する炎の中から火柱が夜空に龍のように舞いあがり、Ａさんのフロントガラスに襲いかかってくるのです。

あわてて急ブレーキ！

気がつくと、今度はサービスエリアに車を停めていたのです。今回もやはり、クルマの炎上事故はなかったのです。では一体、Aさんが見たのは何だったのか、ただの幻覚だったのでしょうか。

Aさんは、このことを奥様に話してみました。二人は結婚して数年、まだ子供はありません。奥様は実は危険と隣り合わせの職業であるAさんの無事を願い、日神会の会員になられていました。

「そういうことだったら、何か悪い霊が憑いているのかもしれない。『聖の神』さまにおうかがいをたててみましょう」

奥様の熱心なすすめにAさんも納得し、休暇を兼ねて長崎聖地を訪ねて来られ、神霊治療を受けられました。

すると、どうでしょうか。Aさんには欠陥自動車の炎上事故で犠牲になったいくつもの無念霊が確認されました。

いくら脱法ハーブで心身の疲労を軽減したと思っても、それは薬効成分によって神経を一時的に麻痺させただけであり、心身は癒されるどころかむしろ逆で、その疲弊はますます進行していたのです。その極度の心身の衰えは、超意識帯の勢力の拡大につながって急激に霊媒体質が進行し、それが無念霊を呼び寄せる原因になってしまったということなのです。Ａさんがもし、このままの状態を放置されていたら、取り返しのつかないことになっていたであろうことは容易に想像できます。

思うに、常識では考えられないような動機不明の殺人事件などを起こす状態というのは、超意識帯が潜在意識帯どころか、顕在意識帯までも完全に占有してしまった結果起こるのです。顕在意識は人間の脳が普段機能している部分ですから、ここが低級極悪な他者霊の入り乱れる超意識帯に占領されてしまったら、その人の人生は取り返しのつかないことになってしまいます。

危険ドラッグをはじめ、覚せい剤や種々の薬物の使用は大きな社会問題になっています。その常用者による危険運転致死、通り魔事件、尊属殺人やわが子殺人などの異常犯罪は後を絶ちません。こんな残酷なことは、人間のすることではない、鬼畜の所業だなどとマスコミなどで糾弾されていますが、神霊学的にみればそれは本人ではなく、本人に取り憑いた悪霊の所業なのです。

危険ドラッグや麻薬、覚せい剤などを服用することによって超意識帯が極限にまで過剰になると、そこに介入してきた悪霊、狂霊といった最強の低級霊が、当人の潜在意識はもちろん、顕在意識のすべてを思いのままにあやつるようになってしまうのです。

つまり、危険ドラッグや麻薬、覚せい剤などが、普通の人間を強度の霊媒体質者に変えてしまうということなのです。

このAさんの場合は、奥様が日神会の会員であったために、九死に一生を得たといえるでしょう。二度にわたる炎上事故の霊視は、神霊からの警告と考えられます。もしそれを無視し続けたならば、いずれAさん自身が大事故を起こしていたかもしれないのです。

通り魔事件なども同様です。覚せい剤などの中毒症状がさらに進み、霊媒体質が激しく、深くなってくると、いつしか、「あいつを殺せ、あいつに罰を与えろ」とか、「早く死のう、早く楽になろう」などという不気味なささやきを耳にするようになり、世間がアッと驚くような事件を起こしてしまうことになりかねないのです。

このところ、しばしば社会を震撼させている悲惨な事件は、危険ドラッグ、覚せい剤などのまん延とともに、現代社会の異常な一面を現わしていると一般的には思われています。しかし、私どもの立場から見れば、これらは霊的な関与を疑われる場合がほとんどなのです。

確かに、心理学や精神医学の面からのアプローチも無駄であるとはいえませんが、ただそれだけでは問題の全面的な解決にはいたらないのではないでしょうか。真の解決への道は、神霊医学の応用というところに、その糸口があると私は思っています。

人知を超えた霊現象――予知の原理

霊の世界というのは、時間も空間も超越した世界、逆にいえば、時間も距離もない「無」の世界ということを、皆さんには強く認識しておいていただきたいと思います。つまり、霊・想念の世界には時間や距離の限界はない、それを超越した世界ということです。

たとえば、私が行う遠隔治療から、そのことを説明してみましょう。

私は、本部のある長崎にいながらにして、道場のある東京や、あるいは北の北海道、また太平洋を隔てたハワイなどの相談者の痛み、苦しみ、苦悶などを神霊治療によってすみやかに除くことができます。その時、私は長崎にいて相手は遠方にいるのだと思ってしまったら、その神霊治療（浄霊）は決して成功することはありません。

浄霊を成功に導くには、たとえ私が長崎にいて、相手がハワイにいたとしても、その人はいままさに私の目の前にいるのだと、想いの世界で強く断定しなければなりません。それが、遠隔治療（浄霊）を行ううえでの最大のポイントなのです。

ですから遠方にいる病人を治療（浄霊）する場合、私は胸中（想いの世界）で次のように強く自分にいい聞かせるのです。

「〇〇さん（その人の姓名）は私の目の前にいる、私の目の前にいる〇〇さんは胃に変調をきたしている。その変調をきたしている〇〇さんの胃が、私の目の前にある……」

このように想いの世界で強く断定したうえで、私はその「目の前にある患部」に対して、神霊治療の力を発動させるのです。患部が胃であるならば、そこに奇跡のエネルギーが集中し、現実には遠隔地にいる相手の患部である胃の病、胃の痛みに強力に作用し、ほぼ瞬間的に快癒するのです。不思議といえば不思議な世界ですが、霊界が時空を超えた世界で成り立っているということを考えれば、不思議でも何でもありません。パソコンに不具合が生じた時など、業者に連絡すると、遠隔操作で正常な機能に戻してくれますが、それと似たようなシステムだとイメージすれば納得がいくでしょう。ネットの世界も、霊の世界と同じように空間を超えてつながっているのです。

ただしネットの世界は、空間を超えているといってもその距離には限界があります。しょせん、ネットの世界は人間の頭脳がつくった有限の世界なのです。

力のあるすぐれた霊能者は千年も前に、数千キロメートルも離れた場所で亡くなった人の魂と即座に対面することができるのです。まして、百年前、十年前に亡くなった人の霊魂に至っては、霊能者の眼前に生前の姿そっくりそのままで現れることも珍しくなく、また対話すらも可能なのです。

次にお話するのは、長崎聖地で神霊治療を受けられた方のお話です。

三重県のFさんという女性の方で、浄霊後に礼拝堂でお参りしていると、後ろから何か引っ張られるような力を感じて振り向くと、そこにすでに他界している父と母が、白い着物に白袴《はかま》という姿で現れたというのです。そして、父親がささやくようにこう言ったのだそうです。

「心配するな。わしらは、ご先祖様と一緒に平安に暮らしておる」

よく見ると、両親の後ろにはズラリと、同じ装束の人影が並んでいるのです。その人たちは、一様におだやかでにこやかな顔をしているのです。そのうち、みんなどこかで出会ったことのあるような気がしてきました。どうやらみんな、Fさんのご先祖のようです。それに気がついた時、懐かしさと愛おしさがこみあげてきたのです。

「ああ、ご先祖様が全員おそろいになって、私の前にお姿をお見せになった」

なんという奇跡でしょうか。Fさんの眼から涙がポロポロあふれでたそうです父と母は生前、性格や好みなどで何かと折り合いが悪く、いつもケンカばかりしていたので気がかりでしたが、あの世で仲良く過ごしていることがわかって安心したということです。しかも、ご先祖に囲まれて幸せに満ちた雰囲気だったのがとてもうれしかったそうです。

その日から、いまのいままでFさんを苦しめていた膝の痛みがスーッと消えて、以来再発することもなくなったのです。神霊治療は、自分一人だけのためではなく、家族や先祖の供養にもなるのだと改めて実感されたのです。

このように、霊の世界では時空を超えた交流がごく当たり前に行われているのです。先祖は現在の子孫の暮らしぶりが気がかりで、ときどきこのように現界にようすを見にくることもあります。通常は、人の前にその姿を見せることはありませんが、不意に現れることもあるのです。そのためにも、いつも品位のある、清く正しい生活を心がけておくことが大切なのです。

霊界は時空を超越した存在ですが、普通の現界の人間は霊界を見ることも、ましてや霊と交流するなどということはまずできません。そこで、霊界と現界の仲介役ともいうべき霊能者が登場するわけです。

霊能者は、過ぎ去った遠い過去をたどることができ、昔の世界をそのままの状態で見ることができます。百年、千年、万年と遠い昔の人間界のありさまを、心の眼で見ることが可能なのです。そして逆にまた、数日後、数カ月後、数年後という未来の時空間を先取りして、その状態を知ることもできるのです。

このように、現在では遠く消え去った過去の風景が見えたり、まだ起こってもいない未来の出来事のありさまが見えてくるというのは、いったいなぜなのでしょうか。

それこそが、普通の人間には絶対に真似もできないし、理解することさえ難しい霊界人の働きなのです。次ページの図⑥をご覧になってください。これは予知の原理を表したもので、霊界人がいかにして人間に働きかけて予知現象を起こすかを図式化したものです。

霊界人から想念の形で送られてくる霊界の風景、あるいは数日、数十日後に起こるであろう大事故などのようすは、私たち人間の潜在意識および超意識からなる霊魂交流体をとおして通信されてくるのです。もし、霊の波長とその人間の波長とがピッタリ合えば、霊の想念はそこでキャッチされることになります。

それはたとえば、その人間が心の中にいつも清らかな想念を有しているなら、現界のどこを探しても決して見ることのできないであろう美しく清らかな風景がパノラマのように

図⑥　霊界人が人間に働きかけて起こす予知現象の原理

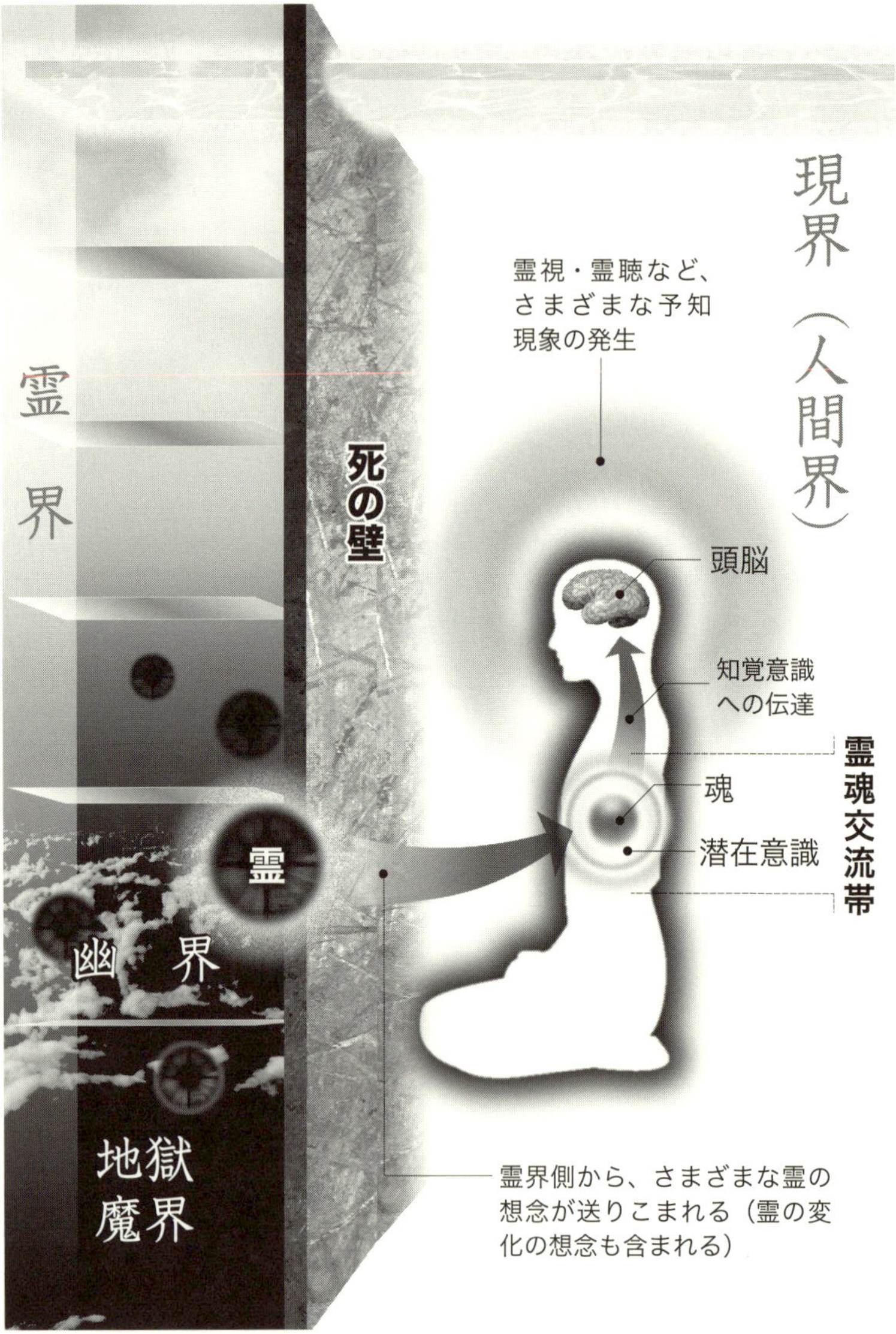

眼前に出現して圧倒されるでしょう。かぐわしい色とりどりの花々の咲き乱れる緑の大草原、萌黄色《もえぎいろ》に映える山々、紺碧の大海原、宝石をちりばめたような満天の星空……。言葉ではいいつくせない美しさです。

また、いつも心に不満や邪念がうっせきしていると、暗黒にうごめく地獄霊たちの凄惨な姿を見ることになるでしょう。黒い炎が燃えたぎり、さかまく噴炎の中でのたうちまわる醜怪きわまる地獄霊たちの形相のすさまじさ。奈落の底とはいえ、霊界の果てにはこんなところもあったのかと、ただただ恐ろしさに身は震えるばかりです。

ここで一つ疑問が生じるのは、人間の超意識の段階から潜在意識にまで送られてきたこれらの霊の想念が、どのようにして人間の五感に認識されるのかということです。このことを説明するのは、実は極めて難しいことなのです。

つまり、霊界というのはもともと想念だけの世界であり、形や質量のある世界ではないからです。霊能者は、その想念を視覚化したり、聴覚化したりできる特殊な能力を有しているわけです。この、想念を知覚化できるというメカニズムがもしも解明されたとしたら、霊の実在を証明できるでしょうし、霊の実在を全人類に納得してもらうことが可能になるでしょう。

しかしまだ現代科学は、それを達成できておりません。かつてエジプト人は、ピラミッドという巨大構造物を建造しました。これは一体どのようにして建設されたのか、世界の専門家たちが長年かけて調査・研究しても、いまだその謎は解明されていないのです。これだけ科学が発達し、コンピューターによって天文学的な数式もあっという間に解決できる時代になっても、ピラミッドはどのようにして建造されたのかについて、さまざまな仮説や憶測は流布されていますが、合理的な説明はまだだれもできないでいるのです。

霊の世界は、このピラミッドの謎など比べ物にならないほど複雑で深淵・遠大な超常世界です。予知現象もしかりで、それを説明するのは言葉では表せないものがあるのです。したがって、ここでは次のようにいうしかありません。

高度な力をもった霊界人は、いろいろな想念を私たちの超意識および潜在意識に送り込み、さらに、それを人間の単なる潜在意識ともちがう神霊世界と容易に通じることのできる感覚世界まで伝達することができる――。今の段階でいえるのは、ここまでです。

しかも、これが可能になるためには、霊と人間との「波長の一致」という条件が絶対的に必要になります。

こうして、人間の中でもとくに霊的体質の強い人は、未来に起こる出来事をしばしば映像で見せられたり、ささやきかけで知らされたりするのです。

次ページの図⑦は、人間の死や事故、災難などの予知の原理を自分なりに表現したものです。Ⓐさんという個人の魂の声が、本人の知らないうちに霊魂交流体を通じてⒷさんに伝達されていくようすが図式化されています。霊の世界は時空を超えた四次元の世界ですから、これを二次元の平面に表すのは難しいのですが、だいたいのイメージとしてとらえていただければよいと思います。

虫の知らせなども予知の一種ですが、予知ということに関しては、霊魂の介入があることが非常に多いという事実を認識していただくことが必要です。

これまで予知の原理について説明してきましたが、広大無辺な霊の世界ですから、私自身このメカニズムをどれだけ把握しているかわからないというのが正直なところです。今後の自分の課題として、より深く探求していつか皆様の前に成果を発表したいと思っております。

図⑦　人間の死や事故、災難などの予知の原理

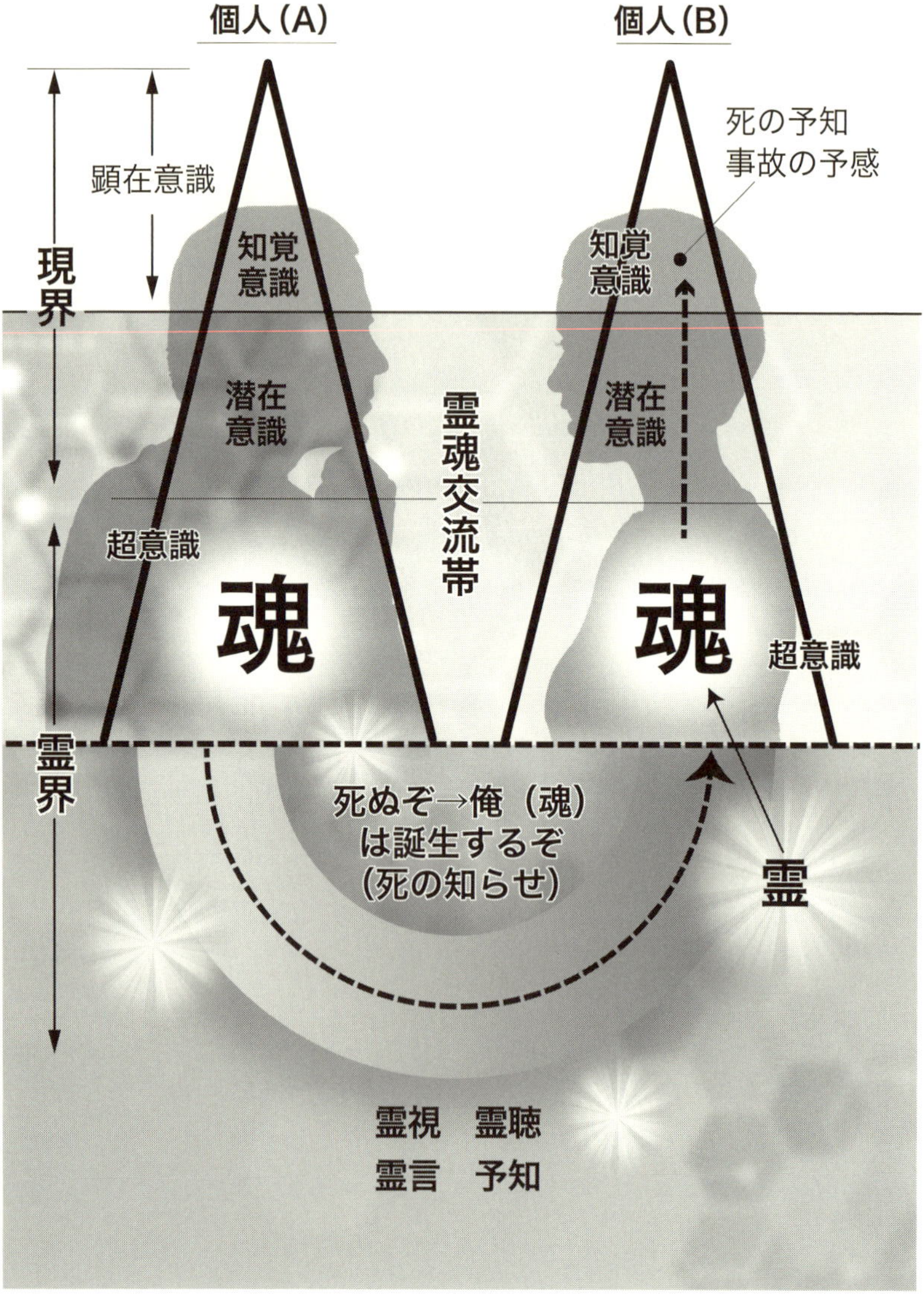

視覚化された霊界通信

さて、ひと通り予知についての説明を終えたところで、今度は私自身の予知に関する体験談を一つだけお話しましょう。これは、霊界からの通信がはっきりと視覚化され、意識として予感された実例です。

いまから十年ほど前の夏のことでした。大阪にお住いの西山ゆかりちゃんという生まれつき足の悪い、小学一年の女の子に遠隔治療を施していた時のことです。

突然、なんの前触れもなく私の心のスクリーンに暴れ狂う大洪水の映像が映し出されたのです。ごうごうととどろき流れる濁流が、まるで私に襲いかかるように川からあふれているのです。そして、大量の流木が浮き沈みしながら流れ、それが橋脚に当たってドーンという轟音《ごうおん》が響き渡るほどです。よく見ると、猫や犬も流されており、その中には「助けて〜！」とあがきながら、渦に巻き込まれていく母子の姿もありました。

「これは、大変だ！」

神霊治療中に、こんな霊的な光景が出現したのは初めての経験です。私は驚いて「アッ」

と声を挙げたほどでした。すぐに治療を中断して、早急に西山さんのお母さんに連絡を取ってもらうようにスタッフに依頼しました。

お母さんと携帯電話がつながりました。

「この神霊治療が終わったあとのご予定は？」

という私の問いかけに、

「娘を連れて、近くの川で水遊びをしてきます」というのです。

その川は、治水と市民の憩いの水辺として整備されており、夏は川遊びを楽しむ人で人気でした。そこで、私はたずねました。

「そちらの天気はどうですか？」

「雲一つない快晴ですよ。天気がよすぎて暑くて暑くて。子供は浮袋をもって、早く川遊びに行きたいと大はしゃぎなんです」

西山さんは「雲一つない快晴」だといってのんきに水遊びに行こうとしています。さっき私が見た映像は、霊界人によるフェイク（偽情報）だったのかと疑いました。しかし電話中、私の耳の奥では、大洪水の轟音が絶え間なくとどろいているのです。

このままでは、西山さん母子が危ない！　川に行かせるわけにはいかない。

す。

「西山さん、きょうは川遊びはおやめになったほうがいいですよ」

突然こう言われた西山さんは、受話器を耳に当てたまま、キョトンとされていたようです。

「よく聞いてください、その川は今にも大洪水に見舞われます。危険ですから絶対に近づかないでください」

「こんなにいい天気なのに、なぜ？」

不満そうな声が聞こえてきました。そこで私は、先ほど見た映像の話をすると、渋々納得されたのでした。それから一時間あまりたって、西山さんから携帯電話がかかってきたのです。

「ああ、大変なことが起こっています。いま、私の家の周りを救急車や消防車が走り回っているんです。外は土砂降りの豪雨で、さっき遊びに行こうと思っていた川に水が急激にあふれて、たくさんの人が流されたようなのです」

「やっぱり…」

私の予知は的中したのです。

翌日の全国紙には、その洪水の記事が大きくとりあげられていました。当日、午後二時ごろまでは真っ青な晴天だったのが、約三十分後には突然猛烈な雷雨に襲われ、河川は急激に増水。三時には一メートル以上水位が上昇したというのです。猛烈なゲリラ豪雨です。十数人が流され、そのうち、保育園児や小学生を含む数人が犠牲になったのです。

私は複雑な気持ちになりました。というのも、西山さん母子は助けられたけれど、他に多くの流された人がいるということ、しかも犠牲者もでたということに、どうしようもなく悔いが残ったのです。それはまた、霊の存在、霊の力というものが、いまだ世の中に認められていないことの口惜しさでもありました。

私の知らない遠隔地で霊視したことが、ほぼそのままの形で起こってしまったのです。これは先ほど説明したように、私の超意識帯から潜在意識帯を通して、未来に起こる出来事を、霊界人が動画と霊聴という二つの方法で緊急に知らせてきたことによる予知現象ということができるでしょう。

ところで、私の予知によって危うく難を逃れた西山ゆかりちゃんですが、その後、足が悪いのにわざわざ長崎聖地まで直接浄霊のためにこられて、めでたく支障なく歩けるようになりました。

拝んで祟られるのはなぜなのか？

人は、病気になったからといって、すぐに神霊治療能力者のもとへ駆け込んでくることはほとんどありません。たいていは、まず近くの開業医か、専門の医院、あるいは病院で診てもらうことになります。それが、いわゆる世間一般の常識といわれるものです。

しかし、常識が即真実かというと必ずしもそうではありません。とくに病気の場合は常識と真実の間にはいつの場合も大きなギャップがあり、イクオールでつながることは少ないのです。

というのは、私は機会あるごとに、口を酸っぱくしていいますが、本当の意味で医者が治せる病気というのは、全体の二十パーセント程度しかないということなのです。あとの八十パーセントは、現代医学では手に負えない、なんともならない病気なのです。このことは、わたしの体験上からもいえますし、我が国のある有名な医師もそうおっしゃっているのです。

もちろん、病院へ行って病気が治る人もいますし、また病院へ行かず、なんの手当てもしないのに治ってしまう場合もあります。それは、人間の肉体に本来備わっている自然治癒力のおかげなのです。ですから、それほど重い病気でもなければ、ちょっと食べ物や体力に気づかうだけで、取りたてて大騒ぎする必要はないともいえるのです。そうすると、いつの間にか治っていることが多いものです。

先ほど自然治癒力といいましたが、これは人間だけではなく、植物や動物により強く備わっています。野生の動物は病気やケガをしても、医者に行くことはありません。強力な自然治癒力に頼ることしかできないのです。樹木などは、バッサリ斬られても、また新しい芽をだし、枝をだし、繁茂していきます。

人間でも、切り傷程度なら放っておいても治ります。自然治癒力とは、いいかえれば、生命力ともいえるでしょう。自然治癒力は、自分に何らかの異常や損傷があると、自分の意識とは無関係に活動を始め、自動的にもとの正常な体や心に戻してくれます。

ところが、たとえば腹痛とか咳が出るなどの些細《ささい》な異常でも、それが霊による現象(霊障)であったならば、実は自然治癒力で治ることはほとんどありません。むしろ病は進行し、悪化の一途をたどることになりますから、霊の憑依を解かねばなりません。そういう場合はまた、病院の治療でも完治することはまずありません。病院に行って、ますます症状がひどくなったとか、長引くばかりで全然治らないという人は、実はものすごく多いのです。

　こうした人たちは、一つの病院で治らないとなると、また別の病院のお世話になります。そこでもダメなら、また他へ行きます。そしていよいよ切羽詰まってきたら、民間療法や漢方療法を試す人がでてきます。西洋医学の次は、東洋医学というわけです。

　しかし、医者が治せるのはさっき述べたように、全体の二十パーセントにすぎません。次にすがるのは、〝苦しい時の神頼み〟とばかりに、宗教に走りたくなるようです。こうして、病気平癒のご利益を求めて、神社をめぐり、宗教団体をめぐり、最後に行きつくところはあやしげな行者《ぎょうじゃ》、祈祷師《きとうし》のもとというわけです。

　最近は、私ども日神会の神霊治療も世間的に信用を得て、早期からの治療依頼が増えてはきましたが、それでもまだ、医師に見放されてしまって、行き場のない難病の持ち主であったり、長年にわたって苦しむ病人である場合が多いのです。こうした藁をもすがる想いで助けを求めてこられる人たちの、いわば最後のよりどころが私たちというわけですから、患者さんも必死ですが、私たちもまた全身全霊をかたむけて浄霊をいたします。

　ところが、神霊治療を施すうえで、思うようにいかない、たいへん手こずる、やりにくいといった依頼人が中にはいるのです。

それは、私のもとへくるまでに、すでに多くの宗教団体や行者、祈祷師の類《たぐい》をまわってきている人たちです。これらの多くは、霊的雰囲気のところをいろいろと渡り歩いてこられているがゆえに、体質が変わってしまっている場合が多いのです。すなわち、多くの低級霊と接触をはかってきたために、容易に霊のかかりやすい霊媒体質に切り替わってしまっているのです。

こういう霊媒体質者の場合、心身に低級霊の憑依の道筋が強固に構築されているために、浄霊しても、浄霊しても、同じような想念をもった低級霊が次々に押し寄せてくるので始末におえないのです。中には、神霊治療の最中に浮霊《ふれい》現象を起こすような人もおります。

浮霊現象というのは、憑依していた霊が、その人の体を借りてはっきりと姿を現わしてくることで、その乗り移った霊が、当人の意志に関係なく勝手に体を自由に動かす不自然な霊動現象を起こすなどということも現実によくあるのです。

この浮霊・霊動現象を初めて目にした時は驚きました。初代会長隈本確教祖から、そういう現象があるとは聞いていましたが、神霊治療をしていると、依頼者の妙齢なる女性の顔がみるみる真っ赤になって歯を食いしばり、全く別人の白髪のおばあさんのようになってしまったのです。そして、髪を振り乱して何かおまじないのようなものを大声で唱え、祓串《はらいぐし》を振る仕草をするのです。

かまわず浄霊を続けますと、今度は夜叉の形相になって踊りながら呪文を唱え、怒り狂うのです。これは明らかに浮霊・霊動現象です。憑依霊が彼女の体を借りて、私の神霊治療に明らかに抵抗のそぶりを示しているのです。そこで私は彼女にいいました。

「下腹にぐっと、渾身の力を入れて、霊動に迷わされることなく私のほうだけじっと見て、そして心の底から次のように強く、一心に念じてください。『どうか、病気を治してください。お願いします、お願いします……』と」

すると数十秒後、彼女の霊動はピタリと止まり、私の神霊治療もつつがなく終了したのです。

後から聞いたところ、彼女はここ十年ほど原因不明の病気に悩まされており、祈祷所を二カ所ほど訪ねたがまったく効果がなく、それどころか症状はしだいに悪くなったというのです。あまり評判のよくない加持祈祷に頼ると、その祈祷師自身の霊が憑き、このような霊動現象が起きることがよくあるのです。

本来、病を治してもらうために行ったのに、逆に低級霊に取り憑かれて苦しみが深くなったわけです。しかし、神霊治療で彼女の病気だけでなく、彼女に憑依していた低級霊をも浄霊しましたので、これからは霊動現象が起きることはありません。
彼女は深くうなずくと、長年の病気から開放された喜びに包まれ、身も心も軽々とした様子で帰られました。

驚くべき悪徳霊能者の真相

世の中には、いろいろな宗教団体に入ったり、霊能者、祈祷師、行者のもとに出入りして、低級霊と接触するうちに強度の霊媒体質となって五年も十年も、あるいはもっと長く、さまざまな憑依現象に苦しみながら、社会の片隅でひっそりと暮らしている人も多いのです。こういう人たちは、生まれつきの霊媒体質者ともいえるのです。

なぜなら、霊的雰囲気の漂う場所にいくら出入りしても、その人が霊媒体質者の資質をもっていなければ、霊の作用はほとんど受けないからです。受けたとしても、それは一過性である場合が多く、その作用によって長年苦しむということはないのです。

この世に生まれ出た時から霊の波動を受けやすい霊媒体質者とは、いわば諸刃《もろは》の刃《やいば》をもって生まれついてきた人なのです。こういう人たちは、高級霊能者のもとで正しい霊的指導を受けることで、高級神霊と波長が合いやすい、いい意味での霊媒体質者になれるのです。このいい意味での霊媒体質者のことを、高級霊媒体質者と呼びます。

高級霊媒体質者になることができれば、自らの運気は飛躍的に向上し、今までの不幸な人生を大逆転できるのです。幸福は黙っていても向こうから近づいてきます。しかし、そこにあぐらをかいていては、すぐに転落の谷底に転げ落ちてしまうことになりますから、いつもいうように、常に品格・人格の向上に心がけ、切磋琢磨を怠ることなく人生を歩まねばなりません。

霊媒体質者は、誰もが高級霊媒体質者になれる素養があります。しかし残念ながら、それを育てるコーチ役、指導者ともいえる高級霊能者の存在自体が、実は非常に少ないという問題があります。〝さわらぬ神に祟りなし〟とはよくいったもので、だいたい神様に近づいても、多くは品格の高くない神がほとんどで、霊媒体質者がなまじ神仏信仰に走るとろくなことになりません。低級霊に憑依され、さんざんな目に遭うのが落ちなのです。

ここなら長年の病魔を追い払ってくれるだろう、あるいはまた心の悩みを解消してくれるだろうと、あちこちの宗教に入信し、神社仏閣などの心霊スポット詣《もう》でに明け暮れ、また霊能者や祈祷師、怪しげな街の拝み屋さんなどを転々とするうち、霊媒体質はますます激しくなっていくのです。そして気がつけば、心身は深い病におかされ、運勢が大きく傾斜していることにがく然とするのです。

これら、間違った神仏信仰の犠牲となった人たちの多くは、日々霊障におびえながら暮らし、人目を避けるようにして生きていかざるを得ないのです。そしてやがて、そんな人生に絶望し、耐えきれなくなった時、取り憑かれた悪霊のささやきなどもあって、通り魔事件や人を巻き添えにした自殺行為など、人間とは思えないような非道・残酷な事件を引き起こすことになるのです。

私自身、長年にわたって日々神霊治療にたずさわっていますと、宗教団体に身を置いたばっかりに病気を背負い込んでしまった人や、悪質な祈祷師、行者に金品をむしり取られた、あるいは財産全部を乗っ取られたなどという人に会うことが多々あります。神霊の世界は眼に見えない世界だけに、人の弱みにつけこむ、とても常識では考えられないような悪が横行しているので気をつけなければなりません。

現在に比べれば、昔はもっとひどい悪行がまかり通っていたことは、父である初代会長隈本確教祖から耳が痛くなるほど聞かされました。

その父から聞いたとんでもない実例を次に紹介しましょう。なおこの話は、隈本確著『大霊界３　恐怖の霊媒体質』に掲載されておりますが、悪徳霊能者にだまされないための貴重な教訓として、ここに私なりの若干の手直しを加えて紹介したいと思います。

初代教祖が行っていた霊能力者養成講習会の受講者に、佐藤友子さんという当時五十歳の女性がおりました。独身で母親と二人暮らし。彼女は働いて生計を立て、病気がちの母親を養っていたのです。

ところが十年ほど前から体のあちこちが痛みはじめ、それればかりか肩こりはひどくなり、足は歩くのもしんどいほど重くなるなど、健康上さまざまな故障が現れはじめたのです。薬屋さんへ行ったり、病院へ通ったりしてもらちがあきません。

「体がこんな状態では、仕事にも差しさわります。働けなくなったら、どうしよう――」

佐藤さんは母子二人の将来を想うと不安にさいなまれるのでした。

そんな時、ある新興宗教団体に入っていた知人とばったり出遭い、彼女に熱心に入信を勧められました。

「ここはすごいのよ。信者もたくさんいるし、一生懸命信心に励めば、どんな病気だってたちどころによくなるのよ」

薬も効かないし、病院で診てもらっても快癒どころか悪化するばかり。佐藤さんは、知人の言葉に光明を見出し、治してもらいたい一心で入信を決意したのです。

もともと頑張り屋の佐藤さんは、その教団の熱心な信者となり、初代教祖さまや先輩信者からさまざまな霊にまつわる話を聞き、それを熱心にメモし、先祖供養の方法なども教えてもらい、また律義に実行していたのです。

しかし、いくら一生懸命信仰し、命がけで拝んでも、病気は一向によくなりません。そこで佐藤さんは、別の宗教団体にも顔を出すようになり、そこでも熱心な信者になりますが、しかし病気は治るどころかますます悪化していっているように思えるのです。

そうなると、宗教団体では心もとないとして、次に霊能者や祈祷師のところにまでひんぱんに通うようになったのです。こうして気がつくと、宗教や神霊の世界にどっぷりとつかっていて、あれこれと一般の人に神霊に関する講釈もできるほどになっていたのです。

そんなある日、佐藤さんは自分の体に起こる奇妙な現象に気がつき始めたのです。なんと、自分のそばに病人がくると、自分の体の、その病人が患《わずら》っているのと同じ部位が罹患《りかん》するという現象です。頭が痛い人がくると、自分も同じ所が痛くなる。ひざの関節が曲がらないというと、自分も同じ症状になる。相手の病気や痛みがそのまま自分にうつってくるのですから、たまりません。

しかも、佐藤さんに病気をうつした人は、「わあ、治った。痛くない！」と大喜びしているのです。腰が痛くて杖をついていた人が、佐藤さんと世間話をして立ち去る時にはもう、杖をつくのを忘れて普通に歩いているのです。逆に佐藤さんは、地べたに膝をついて歩けないのです。これでは、たまったものではありません。もしも、たちの悪いガン患者のガンをうつされたりしたら笑いごとではすまされなくなってしまいます。

この現象は、病人に憑依している霊が、別のより強い霊媒体質者に転移することによって起こる現象で、極度に強い霊媒体質者はよく経験することなのです。宗教団体や霊能者、祈祷者、行者など霊的空間をめぐりめぐるうち、佐藤さんの霊媒体質は極限にまでひどくなっていたのです。そしてしまいには、他の人に取り憑いている怨霊や悪霊の想念までもうつってくるようになり、その激しい憎しみや怒りの念が心身を激しくゆさぶり、失神するようになってしまったのです。

それでも佐藤さんは働かなければなりません。それには、勤務中にも襲ってくる頭痛や吐き気、胸の痛み、呼吸の苦しみなどを何とか治さなければならないのです。そうでなければ、やがて働けなくなり、生活は破綻してしまうのが目にみえています。

そんな時、Aという霊能者のうわさを耳にしたのです。祈祷で万病をたちどころに治すという評判です。さっそく、飛んでいきました。実はこの霊能者が、とんだ食わせ者だったとも知らずに——。

その霊能者は七十歳過ぎの、片意地の張った視野の狭い狷介固陋《けんかいころう》な老婆でした。佐藤さんの話を聞くと、「しっかり信心していれば、いずれ必ず病気は逃げていくから安心しなさい」と約束してくれたのです。

それからの佐藤さんは、A霊能者の道場へ足繁く通うようになりました。そればかりか、A霊能者から電話でちょくちょく呼び出されるようになったのです。

呼び出されて道場へ駆け込むと、いつもたくさんの依頼人がきて、A霊能者の施す祈祷の順番を待っているほどでした。依頼人たちのほとんどは病気に苦しむ人たちで、何とかして治してほしい一心でやってくるのです。

A霊能者は、押し寄せる依頼人にお祓いをし、奇声を発するなどして次々に祈祷をほどこすと、たちどころに病気が治って、しきりに頭を下げ、お礼をいいながら、相応の祈祷料を支払って帰っていくのです。そのA霊能者の祈祷が、あまりに効果てきめんなので評判を呼び、依頼人はさらに増えるというわけです。

すると、どうでしょうか。佐藤さんの呼び出し回数もどんどん増えていくのです。

しかし佐藤さんは、呼び出されるのが日に日に億劫になってきました。というのも、道場へ呼び出されていくたびに、佐藤さんの体は変調をきたし、いろんな痛みや病気が自分に襲いかかってくるように感じるからです。

それもそのはずです。極度の霊媒体質になっていた佐藤さんは、道場に呼び出されるたびに、そこに押し寄せてくる依頼人たちの憑依霊が、全部自分に転移していたのですから。つまり、依頼人たちの病気を全部佐藤さんが引き受けるはめになっていたのです。

それでも、A霊能者が自分の病気を治してくれればいいのですが、そんな気配はまったくありません。それどころか、ますます佐藤さんの病気はひどくなるばかり。「もう、体が辛くて、道場へ行けません」と訴えても、呼び出しはますます増え、しかも「地をはってでも来い」と強引なのです。

ここにいたってやっと、佐藤さんはA霊能者にある不信感を抱いたのです。

――ひょっとしたら、自分の極度の霊媒体質を、いいように利用されているのではないか――。

祈祷依頼人の病気が治るのは、A霊能者の祈祷の力ではなく、病気の原因となっている憑依霊が自分の体に転移してくるからというのが事実なのではないか。自分が極度の霊媒体質であることを知ったA霊能者が自分を利用しているのではないかということです。

この魂胆《こんたん》を知って以後、佐藤さんは道場から遠ざかるようにしました。すると、ひんぱんに、しつこく呼び出しがくるのです。道場へ行くことを断ると、A霊能者は頭ごなしに怒鳴りつけてきて、佐藤さんは震え上がりました。それでも、道場へ足を向けることだけはしなかったのです。

そんなある日、家で寝ていた佐藤さんの心の耳に、不意にA霊能者のひどく興奮した声がひびいてきたのです。

「なぜ来ない！　なぜ道場へ来ないのだ!!　いうことが聞けないならひどい目に遭わせてやるぞ！」

その途端、佐藤さんの全身は締め付けられ、きりきりと痛み始めたのです。苦しさのあまりのたうちまわり、ふと鏡台に映った自分の顔を見て思わず、「ア〜ッ」と驚きました。なんと、鏡に映った顔は、自分の顔ではなく、A霊能者のしわだらけの、夜叉のような顔だったのです。

以来、佐藤さんはしばしば自分の顔がA霊能者の醜い老婆の形相に変貌するという奇怪な発作に見舞われるようになりました。A霊能者が乗りうつってくるのです。それは一時間程度のこともあれば、三時間、半日ということもあり、ひどいときは一日中そのままということもありました。これでは、外へ出ることはかないません。当然、仕事もできません。

佐藤さんは、その発作に三年間も苦しみ、各地の病院や霊能者を訪ね歩いた末に、初代教祖のもとにたどりついたのです。

「先生、私をどうか助けてください。お願いいたします」

病気を治してもらいたいばかりにあちこちの宗教団体や霊能者、祈祷師めぐりをしてきた佐藤さんは、その間に強度の霊媒体質者につくりあげられていたのです。そして、その特異な体質を悪徳霊能者に利用され、骨の髄までしゃぶられ、もう頼るのはここ以外にはないという状況でした。

初代教祖は、佐藤さんの必死の想いのたけを聞き終わると、全身全霊を打ち込んで全身浄霊を、都合三回試みて、それですべてが無事に完了したのです。

一般に、霊の憑依や他人から加えられる強力な念によって、体が痛んだり不快になることはよくありますが、怒りの念を受けたために形相まですっかり変わり果てることはほとんどなく、私もまだそういう例は体験していません。神霊治療の経験豊かな初代教祖ならではの稀少な経験譚であり、また「神霊治療能力者冥利に尽きる」と初代教祖をして回想させるほどの会心の治療であったのです。

それにしても、この佐藤さんという方の件は、あらためて神霊世界にうごめく人間の悪と、欲望の恐ろしさを私たちに知らしめる事例といえましょう。

「悪霊や低級霊ももちろん恐ろしいが、生きている人間の心もそれと同等に恐ろしい」と初代教祖は術懐《じゅっかい》されております。

本来、悪霊を裁き導き、人々を救う立場にあるはずの霊能力者でありながら、A神霊能力者のようなとんだ不届き者も後を絶たないのがこの世界です。しかし、このような悪徳霊能者のせいで、霊能者全体がなにかインチキくさいものと思われてしまっては、まことにいかんなことであり、迷惑至極です。

目に見えない神霊の世界にはこのように、いろいろな悪、インチキ、まがいものなどがはびこりやすいことは確かです。したがって、正しい神霊学を一般に徹底させるために、神霊学のさらなる探求・研究とともに、神霊世界から悪やインチキを厳しく排除する手立ても必要でありましょう。

さて、この章で私は低級霊とかかわることの危険性について、また世の中には霊の世界を食い物にする悪質な自称霊能者がはびこっていることについて、いろいろと述べてまいりました。

こんなことを書いていますと、神や仏、霊の世界などの否定論者から、「そらみたことか」という嘲笑が聞こえてきそうです。神や霊さえ信じなければ、低級霊に憑依されるとか、悪徳霊能者にだまされるなどという心配はないではないかというわけです。

しかし考えてみてください。そういう人にも実は大きな落とし穴が待っているのです。神・仏・霊を信じないということは、そのご加護を絶対に享受することができないということなのです。なぜなら、高き神霊は自ら求める人にのみ、その想いの力に応じた加護を与えたもう存在だからです。

また、それらを信じなければ霊の憑依を受けないというのは、とんだ勘違いです。低級霊は、いつでもどこでも憑依すべき対象を虎視眈々《こしたんたん》とねらっています。ですから、高き神霊のご加護を受けられない神・霊・仏の否定論者は、真っ先にこうした低級霊に憑依されやすいのです。

こうしてみますと、私たちは神・仏・霊否定論者であってはならないだけではなく、やみくもな心霊主義者であってもさまざまな不幸に遭いやすいので、注意しなければならないということです。

神霊に帰依し、それに仕える霊能者にも、これまでお話したように高級霊能者と低級霊能者とがいることをしっかり認識していただきたいと思います。またそれ以前に、体験談でみたような一部悪徳霊能者に代表される、人間的に許せない極悪な存在すらあることも肝に命じなければなりません。

一方、神霊の世界にもこの人間界と同様に高い世界と低い世界、善の世界と悪の世界があることも心にしっかりととめおいておく必要があります。神霊に関心を持ち、それに近づくことは大変よいことです。しかし同時に、よほど心を引き締めて、十分な警戒と注意とをもってかからなければならないことがおわかりになったことでしょう。

Part.3

神霊治療は低級霊の救済が主目的

神霊治療と先祖供養の違い

毎年、夏のお盆時期には故郷に帰る人で飛行機や新幹線は超満員、高速道路は大渋滞。お盆というのは、先祖を供養する宗教行事で、この期間は先祖の霊が家に帰ってくるとされています。この先祖の霊を迎え、仏壇やお墓に参って供養し、再び送りだす行事がお盆です。

つまり、お盆は年に一度の先祖供養イベントです。先祖供養はしかし、年に一回行えばいいというわけではなく、彼岸に墓参りをするとか、供物を供えて仏壇に線香をあげるなど、日常的な供養が大切とされています。

この先祖供養を十分に行って因縁を解除することで、病気が治ったり、家運が上向くなどのご利益を授かるとされています。これが間違いだということではありませんが、神霊学的な見地からは、先祖供養の儀式は実はほとんど意味のない、単なる形式的な宗教行事にすぎないということがいえるのです。どういうことかと申しますと、宗教行事としての先祖供養は、高き神霊との交流という真の霊魂供養とは無縁だからです。

神霊学的な先祖供養とは、高級神霊によって霊を浄化し、その霊を救済することにあります。ところが、宗教行事としての先祖供養にはその真の意味での霊魂供養がなされていないのです。

なぜこんなことを申し上げるかといえば、神霊治療を終えた後、依頼者からよく次のような質問を受けるからです。

「おかげさまで病気はすっかり治りました。ですが、私はこの先、どんなふうにご先祖様を供養していけばよいのでしょうか」

そのたびに私は、次のようにお答えするのです。

「神霊治療を受けて病気が治ったということは、そのこと自体ですでに正しい先祖供養をされたことを意味しているのです。ですから、私の神霊治療を受けて病気が治った人は、その後、形式的な先祖供養をする必要は一切ありません」

そして、こう続けます。

「ただし、神霊治療の際に出現された守護神を奉持し、周りにいる無数の低級霊の憑依を今後受けることのないように、常に想いの世界で守護神との一体感を深めていく努力を日々積み重ねていくことを怠ってはなりません」

現在、多くの宗教団体では、先祖供養で病気が治る、幸福になれる、商売が繁盛するなどと説いています。この説自体に間違いがあるわけではありません。ただその、先祖供養の方法に問題があるのです。たとえば、仏教系の宗教団体にしても神道系にしても、それぞれ一定の形式にのっとった先祖供養が行われ、その多くはかなりの時間を要し、また複雑なものであったりします。いろいろな法事、法要、また特別な修法《しゅうほう》などは、宗教的な儀式にすぎないのです。

たとえば、「人《ひと》の行《ぎょう》」についてです。「人《ひと》の行《ぎょう》」とは、単に「行《ぎょう》」ともいわれ、主に人間の体を使って行われる修行のことです。ひたすら山を歩き続ける回峰行《かいほうぎょう》、食事を断つ断食行、ごうごうと流れ落ちる滝に打たれる滝行などの荒行をはじめ、読経、写経なども行《ぎょう》に含まれます。また広い意味では、宗教的な祭祀、長い歳月をかけて一定の形式に整えられてきた多くの宗教的儀式も、この範ちゅうに属するでしょう。

こうした「人《ひと》の行《ぎょう》」は、神霊学的な立場から見た場合、残念ながら〝ほとんど意味がない〟といわざるを得ないのです。というのは、人間が生身の肉体をいかにいじめ、苦しめて荒行・

苦行に精進したとしても、それは高き神霊との交流にはまったく役に立たないからです。

しかし、行《ぎょう》そのものは、求道者として立派な行為です。苦行・荒業に挑戦し、それをなしとげるということは、宗教的悟りに一歩も二歩も近づく人間形成だからです。私が言っているのは、あくまで神霊学的に意味がないということです。

すなわち、「人《ひと》の行《ぎょう》」を何十回、何百回と熱心に行っても、それで先祖霊の供養をしたことにはならのです。生者側にとっての気休め程度にしかならないということです。

各種宗教による先祖供養の伝統的な儀式では、霊界に実在する先祖霊を浄化・救済するという真の意味での先祖供養にはなり得ないということがおわかりいただけたでしょうか。

私は先ほど、「神霊治療を受けて病気が治ったということは、そのこと自体ですでに正しい先祖供養を終えたことを意味している」と書きましたが、依頼人本人にかかわる何百年、何千年の何代にもわたる迷える数多くの先祖霊が、神霊治療によって救われたことで病気が治ったということは、それがすなわち先祖供養といえるのです。

私はもちろん宗教家ではありますが、そうである前に神霊治療能力者なのです。祭壇や仏壇を飾り立て、聖典や経典を朗々と読み上げて死者の冥福を祈ったり、法事などの追善供養をするなど、私は一切いたしません。

私たち日神会の神霊能力者が行うことは、数多くの迷える霊の浄霊と救済を、自己の体内でほとんど瞬間的に行うだけです。それによって、依頼人の病気が治り、長い間の苦しみから解放されるわけです。それはすなわち、何十年、何百年も前に亡くなった先祖の霊がその苦しみの想念を訴えかけている状態から解消するということであり、悪い因縁が切れ、その結果として病気が快癒するのです。

神霊治療によって、病気の原因であった先祖の苦しみや悲しみ、怨み、つらみといった想念が浄霊されるわけですから、これこそ最高の霊の供養、先祖供養といえるのです。

ここで、図⑧を見てください。

これは、地獄魔界や幽界といった低級霊界で迷い、現界にさまよいでてきて人間に取り憑いていた低級霊が、神霊治療によって浄化・救済され、高級霊界へ移行していくようすを表したものです。依頼人に憑依していた霊は、神霊治療能力者の体内において高き神霊の放射による霊流（エネルギー）によって浄《きよ》められ、高級霊となって霊界のしかるべき位置へと昇っていくのです。

その憑依している霊が、まったく他人の霊であろうと、また先祖の霊であろうと、それ

図⑧　神霊治療（浄霊）によって浄化された霊は、
即座に高き霊界に移行する

加持祈祷、千日行などの宗教的行事は、長い修行期間を要するものもあり、このように即、霊の救済とはならない（上の図は、初代教祖初期の浄霊の方法です）

は霊が浄化されるシステムとしては同じことなのです。神霊治療を行ったということは、すなわち先祖供養を行ったことになるという意味がおわかりいただけたでしょうか。

神霊治療で、体の痛みや心身の病が治ることと、霊の救済ということとは、絶対に切り離して考えることができないのです。このことを理解していれば、先のような「神霊治療で病気は治ったけれど、さて先祖供養はどうすればよいのでしょうか?」といったような疑問が生じてくることはないのです。

神霊治療で病気が治る奇跡

宗教的な先祖供養をどんなに一生懸命行っても、霊が救済されることはないということについて、読者の皆さまはあらかたおわかりになったと思います。

いくら読経や写経、また滝に打たれるなどの荒行をしても、その人自身の宗教的な悟りは得られるでしょうが、霊が浄められて病気が治るとか、運気が向上するということはほぼ百パーセントないとお考えください。

ですが、ごくたまに、ある種の宗教的儀式に感応する霊もいることはいるのです。また、中には自ら人間界に現れきて、いろいろな供養を要求してくる霊もいないわけではありません。

それらは、私がいつもいっている迷える低級霊たちです。自分が霊になったことさえまだよくわかっていないような霊であり、人間界から背負ってきたさまざまな想念を捨てきれないために何十年、何百年と苦しみ、その供養を人間に要求してくるわけです。本来、魂は霊界に入って霊となり、その霊格の向上をはかるという霊界の法則にしたがって修行の道を歩むわけですが、低級霊はその道を踏み外して現界にUターンしてきた霊なのです。そして現界人に憑依し、供養しろと注文するわけです。

これらの要求によって動いているのが、加持祈祷や、またある種の宗教行事なのです。これらは、いわば低級霊たちに無茶なことをされないために、迎合したり機嫌をとったり、泣き落とすといったレベル以外ではありません。そのため、低級霊たちは図に乗って、その低次元な要求をますますエスカレートしてくることになるのです。

神霊能力者であれば、たとえいかなる低級霊であろうと、説得し、翻意《ほんい》をうながし、自ら浄化向上の道を進むべく悟らせることも不可能ではないのです。しかし、神霊治療においてはそのように時間のかかることをわざわざ行うことはありません。私たち日神会の霊の救済法（すなわち先祖供養＝神霊治療〈浄霊〉）は、先にもいいましたが、そんなに時間のかかるものではなく、たいていは数秒間で完了します。

私たちは、初代会長隈本確教祖が創案し広めてきた長年の神霊治療体験を通じて、霊を救済するためには、自己の体内において瞬間的に行うのがもっとも効果的であることを知っています。浄霊すべき低級霊を体内に取り込み、ここに神霊の超エネルギーを有する高級霊を招霊して、瞬間的に浄化するのが一番の早道なのです。

ただここで問題が一つあります。神霊というものは異なる波長を非常に嫌うといいますか、そもそも波長や次元が異なるために、普通の状態では高級神霊と低級霊とが接触したり、ましてや融合するなどはあり得ないことなのです。

実はここにこそ、神霊治療能力者という特殊な能力を持つ人間の存在が必要とされるのです。神霊治療能力者がお互いの霊とコンタクトを取って自分の肉体に両者を招き入れ、その肉体を仲立ちとしてはじめて、霊格も波長も異なる異質の存在である高級神霊と低級霊とが接触可能になるわけです。

両者が相まみえると、高級神霊の奇跡の超光パワーの放射によって、低級霊は何の抵抗もなく瞬時に浄化され、晴れて神霊となってしかるべき霊位（霊の段階）へと送られるのです。

つまり、神霊治療によって、低級霊は邪悪な想念が浄化され、光り輝くまっさらな霊体となって、晴れて神霊の世界へ昇ることができるわけです。これは、低級霊としては願望がかなったことになり、まさに願ったりかなったりなのです。決して、低級霊だからといってさげすんだり、また排除したりするのではなく、いわば〝改心〟させて、正しい霊道を歩むべく、そのスタートラインに立たせることができたということなのです。

神霊治療というと、邪悪な霊を退治するというイメージを持つ方がおられますが、それはまったく逆です。もし、そういうイメージがあるなら、その誤った想念があるゆえに、神霊治療を成功に導くことは難しくなるでしょう。

邪悪な想念から逃れられないがゆえに、この世をさまよわざるを得ない低級霊たちを救済することこそ神霊治療の一番の目的なのです。その目的を達成することが、すなわち病気快癒などの結果につながるのです。

ここまで読み進まれた皆さんは、神霊治療（浄霊）を行ったということは、同時に先祖供養も行われたことになるということをだいたい理解されたと思います。そして、それを行うには、仲立ちとなる人間の肉体抜きには考えられないこともおわかりになったでしょう。

神霊治療能力者は、霊格の高い神霊の放射する霊流（エネルギー）を直接身に浴びており、いざ神霊治療を行うとなれば、神霊に対して自らの肉体を瞬間的といえども、明け渡すことになります。この際、肉体的にも精神的にも相当のダメージをうけることになりますが、神霊能力者はそれに負けることのない心身の鍛錬を日常的に積み重ね、また日々精進して霊的エネルギーを心身の全体に充満させているのです。

見かけだおしの形式だけ整えて、うやうやしく祈りの言葉や念仏を唱える必要など一切ないのです。

神霊治療というのは、自分の体を、意志の力で霊的体質に切り替え、そこに相手依頼人に取り憑いている悪霊・低級霊の類である憑依霊を呼び込みます。いわば、神霊治療者自らが、身を挺《てい》して悪霊を自分の体に憑依させ、そこに高級神霊を招いてその気高き霊流（エネルギー）によって浄霊を行うのです。このときの神霊能力者の心境というのは、さっきも申しましたが、悪霊と対峙対決するのではなく、その長年にわたる苦しみや悲しみ、悩みの労をねぎらい、抱擁し、楽にさせてあげるというような優和な心持ちです。

イソップ童話に『北風と太陽』という話があります。北風と太陽が旅人の上着を脱がせる競争をする物語です。まず北風がビュンビュン吹きまくって上着を吹き飛ばそうとしますが、旅人は逆に寒さをしのぐために上着をしっかり押さえてしまいます。次に、太陽がポカポカと照りつけると、旅人は汗ばみ、ついに上着を脱ぐことになります。

相手をなにがなんでもやっつけようとする厳しい態度で臨んでも、人はいうことを聞くどころかかえってかたくなな態度になります。あたたかやさしく、寛容的な太陽のような態度で臨むことの大切さを教えてくれる寓話《ぐうわ》です。

神霊治療（浄霊）もそうです。人間に憑依した低級霊を太陽のような心で包み込み、その悪念を浄化して楽になってもらうという姿勢なのです。初代教祖は、その神霊治療能力者と依頼人に取り憑いている憑依霊との関係をたとえて、親と子の関係に似ていると申しておりました。

つまり、お風呂を嫌がる幼児でも、親がやさしく抱きかかえて一緒に入ってやれば案外抵抗なくお湯に入り、お風呂の効用を十分に受けることができます。また、遠くまで歩くのを嫌がる幼児に対しても、親が無理やり手を引っ張るのではなく、懐深くに包み込んで歩いていったなら、当然その子供は目的地までらくにたどり着くことができます。

これと同じように、人間でいえば幼児ともいえる聞き分けのない低級霊を自らの胸に抱いて風呂に入り、自らの懐に入れて遠路はるばる目的地まで連れていくといった心の持ちようこそが、神霊治療者に必要なことなのです。入浴を嫌がるのをむりやりドボンと沈めたり、無理な歩行を強要するようなことは、かえって逆効果です。

高級神霊と低級霊というのは、霊界においては交流や接触というものはまったくありません。ところが、人間の肉体を介在させると事情が変わってくるのです。その理由は、高級神霊の奇跡の光エネルギーをいただいている神霊治療能力者は、いかなる霊界人をも自らの体内に自由自在に招き入れる（招霊）ことができるという特殊な能力を有しているからです。

真の神霊治療能力者は高級霊媒者

霊を救済するには、どのような先祖供養の宗教的行事よりも、また加持祈祷のような因縁解除の修法よりも、霊を直接人間の体内に招じ入れ、その体内において一連の浄霊作業を終えるのが最も有効であり、また一番の早道なのです。

人間の肉体を使うという霊の救済原理について、現界人はあまり関心がないというか、気づいていないようですが、霊界人たちはこのことをよく知っているのです。それゆえにこそ、霊障による病や運気の下降、また事故や事件が起きるといえるのです。

どういうことかといいますと、霊界の底辺でうごめく低級霊たちは、霊界で自らの霊格の向上を目指して修行・努力するという当たり前のことを放棄し、死の壁を突き破って現界に現れているのです。そして、人間に憑依して浄化されないことの苦しみを訴えかけたり、またその想念・邪念をまっとうしようとすることで、霊障という霊現象を発生させるわけです。

一般の人の場合、その霊障は体が痛むとか、精神的に不安定になる程度ですむ場合が多いのですが、霊媒体質者は霊の作用をストレートに受けやすいため、病気の場合は重症、事故や事件の場合は大事故・大事件に遭いやすく、運気も一気に下降線をたどることになりがちです。

これに対して、高き守護神をいただいている神霊治療能力者は、自分自身の意志で、霊の憑依を自在にコントロールできますから、霊障によって被害をこうむるということはあり得ないのです。

ここまでの説明で、一般的な宗教団体などで行っているいわゆる先祖供養と、神霊治療能力者とが施す真実の先祖供養（神霊治療〈浄霊〉）とのはっきりとした違いがおわかりいただけたのではないでしょうか。

一般的に霊能力といわれるものの中には、霊感、霊視、霊聴などいろいろありますが、それらのほとんどは低級霊との接触によるもので、これでは、霊魂の救済という真の神霊治療には何の役にも立ちません。

そういう意味で、高き守護神をいただく神霊治療能力者こそが、真の先祖供養を行うにふさわしい人間であり、霊魂救済の最高の発動者だと確信しています。

こうした優れた神霊能力者になるためには、同じ霊媒体質でも低級霊媒体質であってはなりません。高級霊媒体質者こそ、優れた神霊治療能力者になれるのです。では、どうしたら低級霊媒者から脱け出すことができるのか、このことについては後ほど解説することといたします。

私は高級神霊能力者として、日々神霊治療に励み、霊界の浄化を果たしていきたいと考えております。霊界の浄化とは、浄霊によって霊魂を救済することで低級霊は減少し、その分、霊界が浄化されていくという考え方です。それはひいては、現界にはびこる低級霊によるあまたの霊障を排除することになり、平安な人間世界の実現に寄与することにつながるのです。そのためにも、私たちは一人でも多くの、優れた神霊治療能力者を育てることが必要だと考えています。

神霊治療のパワー源は霊エネルギーと念エネルギー

次に、神霊治療の原理、メカニズムについて、これまでの復習をかねてもう一度考えてみましょう。

神霊治療とは、人間に取り憑いて病気や事故を起こすなどさまざまな悪行を働く霊（低級霊）を、神霊治療能力者自身の体内に取り込み、その治療者自身の体内において、霊を浄化・救済する一連の作業のことです。ここで大切なことは、浄霊というのは悪行を働く霊を懲《こ》らしめたり、やっつけたりして追い出すということではなく、霊魂の邪念や想念という穢《けが》れを洗い浄め、再び霊界のかくたる段階へ送り届けるということです。

こうして霊が救済されることにより、たとえば病人であれば、病人に取り憑いていた霊がその人の体内から離脱して、霊界へと昇華していなくなるわけですから、結果的に病気は快癒することになるわけです。また、その穢れていた霊魂が浄められ、霊格が向上したということは、その分だけ霊界もきれいになったということになるのです。

神霊治療は、こうした憑依霊の浄霊と救済だけで完了というわけではありません。最後の仕上げとして、憑依霊のいなくなった病人の体内に、本人の守護霊を招き、それにパワーを与えて再び低級霊に憑依されることのない体勢を整えるという作業をもって終了します。この一連の作業は、通常ほぼ瞬間的に完了いたします。

こうした霊の浄化・救済・守護霊の強化といった神霊治療能力者の発動するエネルギーは、いったいどこからどのようにして得られているのでしょうか。

神霊治療中に発動される主なエネルギーは二種類あります。

第一は、高級神霊が有する超神霊エネルギーです。これは、神霊能力者の守護神が放射する霊流（エネルギー）を意味しています。そして第二に、神霊能力者自身の念エネルギー、つまり想いの力、祈りの力です。

その第一のエネルギーである超神霊エネルギーですが、これは〝霊には霊で〟という意味で必須のエネルギーなのです。神霊治療は、憑依している霊に働きかける作業が重要ですが、人間と霊とは基本的に波長が合いませんから、まずコンタクトを取ることさえ至難です。

それはたとえば水と油のようなもので、普通の状態ではこの二つが溶け合うことはありません。水は水と溶け合い、油は油とよく融和します。同じように、霊に対して働きかけるには、霊の力をもって対処しなければ無理なのです。これが、〝霊には霊で〟という意味なのです。

神霊治療の場合、神霊治療能力者自身が宿している霊格の高い守護霊においで願って、これで憑依霊とコンタクトを取り、神霊治療能力者自身の体内に取り込み、そして浄霊など一連の作業を瞬間的に行うわけです。

ここで心得ておきたいことは、どんなに格の高い高級神霊といえども、その神霊自体の発動するエネルギーだけでは、浄霊や霊の救済はできがたいということです。ですから、たとえばパワースポットめぐりのブームに乗って高級神霊が宿るといわれる神社などにお参りして、どんなに拝んだところで病気がよくなったり、また運気が向上するなどということはほとんどないことなのです。

実はこのことは、日神会の長崎と東京にある二カ所の聖地についてもいえることなのです。聖地にはもちろん、守護神である「聖の神」様の霊波・霊流（エネルギー）が充満しておりますが、そこに一歩足を踏み入れただけで病気が治るとか、気分がよくなるなどということは基本的にあり得ないことなのです。

しかし、そういう奇跡的なことが起こることは事実です。中には浄霊の申し込みの電話をしただけで、それまで寝たきりだったものが起きて動けるようになった、曲がっていた腰がピンと伸び、杖なしで歩けるようになったなどということさえあるのです。このような人たちは、その願いの深さ、想いの強さといったエネルギーの波長が、「聖の神」さまに通じたということです。

神霊治療というからには、できるかぎり万人共通に効果の現れることが望ましいわけです。そうなってくると、神霊治療能力者という人間の介在が大きな意味をもってくるのです。高級霊媒体質者である神霊治療能力者という人間を媒体とした時、そこに大きなエネルギーが生成され、神霊治療効果が高まってくるのです。

どういうことかと申しますと、高級神霊が放射する超神霊エネルギーに、人間が放射する念エネルギーがプラスされたことによる効果です。念エネルギーというのは、人間の想いの力、願いの力、祈りの力です。先ほど述べた依頼人の願いや想いのエネルギーを神霊治療者がしっかり受け止めて、本人に代わって低級霊に対して直接発動するわけです。

つまり、神霊治療能力者は浄霊にあたり、高級神霊（聖の神）の力をいただき、さらに自己の意志の力で依頼人の憑依霊に対して強力な念エネルギーを発動させるということです。この神霊治療能力者という人間の念エネルギーと、高級神霊が本来持っている超神霊エネルギーとが合体することで、瞬時にして奇跡のエネルギーが発生するのです。それによって低級霊は浄霊され、その結果、依頼人を長い間苦しめてきた病気などが瞬時に快癒するというわけです。

この時の神霊治療能力者の念エネルギーというのは、何よりもまず、「依頼人に憑依している霊をぜひとも浄化してあげよう、救済してあげよう」、そしてまた「依頼人の病気をなにがなんでも治してあげよう」と真摯に、しかも強く、心から、必死に念じることが要求されるのです。

何度も申しますがこの時、依頼人の憑依霊に対して敵意を抱いたり、それを忌み嫌うような気持があったり、またそれが態度に出るようなことがあってはなりません。また、無理やり退散させるようなこともご法度です。依頼人に対しても霊に対しても、決して対立的な立場をとるようなことをしてはなりません。低級霊にしても、好き好んで人間に憑依しているわけではないのです。

日神会では、当初、徐霊という憑依霊を依頼人から排除するような言葉を使っていた時期もありましたが、現在ではまったく使いません。そして、もっぱら「浄霊」という言葉を使っていますが、その意味するところもここにあるからです。

よく、神霊を扱う行者のするような、ものすごい鬼の形相をして、「エイヤァ〜！」といった奇声などで霊を退治しようとするのが、すなわち除霊です。私たち日神会の神霊治療能力者が行う一連の神霊治療は、沈黙の中で、それもほぼ一瞬で完了する浄霊なのです。高き守護神の霊流（エネルギー）で、現界を迷い子のごとくさまよう低級霊の魂の穢れを浄め、正しく霊界へと送り届けるという慈悲の心、慈愛の行いなのです。これによって、霊は救済され、高き霊界で心おきなく霊格向上のための修行に専念できるというわけです。

和念エネルギーの絶大効果

ところが、こうした神霊治療が時としてうまくいかないことがあります。その多くの原因は、神霊治療者と依頼人との相互の信頼関係にあります。両者の想いの強さが相和することによって生じる「和念エネルギー」の不足が、神霊治療（浄霊）を不調に終わらせることがあるのです。

和念エネルギーというのは、同化エネルギーというべきものであり、こちらがいくら和念エネルギーを発動させても、当の依頼人がこちらに対して不信感や反発の想いを少しでももっていたならば、和念効果は無効になってしまうのです。ここは、神霊治療において非常にデリケートな部分であり、納得いただけるよう図式化してみましたので、次ページの図⑨を見てください。

この図では、神霊治療能力者から依頼人に対して発動された霊流（エネルギー）が、依頼人の反抗的な想念のために押し返されてしまっています。こうなったなら、神霊能力者と依頼人との念が合体・同化して発生する「和念エネルギー」が不発に終わってしまい、神霊治療自体が成立しなくなってしまうのです。

神霊治療を行ううえで、こうした状態は双方にとってよくない状態といえるのです。神霊治療能力者にとっては、通常よりも何倍もの精神を集中させて臨んでいるわけであり、せっかく発動した霊流（エネルギー）が空費されるのですから、エネルギーが無駄になるのです。

それでも治療者は全力を尽くして依頼者のためにエネルギーを放射し、何とか治療を成功させるために努力を惜しみません。

その結果、エネルギーを多量に使った割には、それだけの浄霊効果が得られず、中途半

図⑨　依頼人に反発心があると和念（同化）エネルギーは成立しない

●神霊治療（浄霊）が非常にやりにくい
●神霊治療に何倍もの力を要する
●神霊治療の効果が限定的
●無駄が多く疲労がかさむ

このような場合以下の原因が考えられる。

①神霊治療者に対する疑念
②神霊治療者に対する強い反感
③神霊治療者に親しみを持つあまり礼節が欠けている
④神霊治療者に対する侮蔑
⑤霊障を治したいという気持ちがない
⑥死を望み、希望を無くしている
⑦神霊治療者の能力を信じていない

※たとえ夫婦、親子の間でもある。神霊治療（浄霊）
効果の有無は依頼人の想念が大きく関係する。

端に終わることになってしまうこともあるのです。おまけに、神霊能力者はこうした場合、いつもの倍以上の疲れを心身に覚えます。そして依頼人からすれば、「どうもまだ、すっきりしない」「完全に治っていない」、あるいは、「やっぱり、病気は治らないじゃないか」ということになってしまうのです。

神霊治療という浄霊法は、それ自体が想念の操作といいますか、想いという形のないエネルギーを操作する技術ですから、その効果は相手依頼人の想念の強さや一所懸命さという部分にも大きく左右されるのは仕方のないことなのです。いくらこちらが想いを込めても、相手がその気にならなければ恋愛だって成立しないのと同じです。お互いが、愛し愛され、信頼し合うことで、恋愛は成就するのです。

ところが、相手を信用できない、尊敬できないなどの疑念が少しでもあると、和念エネルギーは減少し、思わしい浄霊効果が得られないという結果になりがちなのです。

また、依頼人と神霊能力者とが、近親者とか友人同士など親しい関係、近しい関係にある場合もうまくいかない場合がおうおうにしてあります。依頼人に恥じらいの気持ちが出て、「病気を治してください！」という真剣な気持ちになれないとか、またお互いの日常を知っているために相手に対して厳粛なる礼節を欠くため、同化（和念）エネルギーが弱くなってしまうのです。

そのほかにも、これはもっともやりにくいことの一つなのですが、依頼人が人生に対して希望をなくしている場合、病人などが生きる意欲を失っている、あきらめているという場合もはなはだ難しい治療になります。

しかし、お手上げというわけではありません。依頼人が少しでも人生に対して前向きになるよう、さまざまな念を送り届け、そうして徐々に心を明るくして、相互間の信頼が高まり、生きる希望を持てるように努力し、最終的に神霊治療が成功するように導くことも可能なのです。

こうして、お互いの和念による同化エネルギーが高揚していくと、神霊治療の効果は倍増するのです。

超神霊エネルギーと念エネルギー、そして和念（同化）エネルギーの相乗効果で、神霊治療は瞬時に進行します。

しかしこれだけですべてがうまく運ぶわけではありません。忘れてはならないのは、霊の仲介者としての役割を担う神霊治療能力者の存在です。

神霊の世界では、波長の異なる霊同士はお互いに絶対に融和したり、同居したり、また接触することさえありません。霊界における霊格の掟はとても厳しく、高級霊と低級霊が接触するなどあり得ないことなのです。

それがひとたび、神霊治療能力者の体を媒体とするや、高級霊と低級霊は瞬時にして同居が可能になるのです。そして、低級霊は高級霊（この場合、神霊治療能力者の守護霊）が放射する霊流（エネルギー）のシャワーを存分に浴びることで、瞬時に浄霊されて光り輝く霊体となって霊界へと昇るのです。ここに至って、その低級霊はもう、現界をさまよって苦しむ必要はなく、霊界という安住の地に救済されたことになるのです。

もし低級霊がそのまま、人体を借りることなく霊界にあって独力で霊格の向上を目指していくとしたら、高級霊の住人になるまでには数百年、数千年という気の遠くなるような歳月が必要なのです。このことを考えると、人間の肉体がいかに迷える霊の救済に貢献しているか、まことにはかり知れないものがあります。

何度でもいいますが、霊の救済は人間の体内で行うのがもっとも効果的です。霊格の高い守護神（高級神霊）を迎えた人体内であれば、低級霊たちはわずか数秒のうちに浄霊されるのです。この世に悪い想念を残して霊界の底辺でうごめき、現界へとさまよいでてくる先祖霊も、神霊治療で光り輝く霊体となって霊界の高位へと昇っていけるのです。

長年苦しんだ奇病が治った奇跡のお便り

私は『新大霊界シリーズ』をこれまでに四冊刊行し、初代会長隈本確教祖が確立し、世に広めた神霊治療（浄霊）の画期的な療法、奇跡の数々を皆様にお伝えしてまいりました。そうしますと、本を読まれた方から多くのお便り、さまざまなご報告が寄せられるようになりました。

その中には、本を読んだだけで長年苦しんできた持病が治ったとか、本に感銘して神霊治療の申し込みをしただけで数年来の病気が嘘のように治ったというような、常識ではちょっと考えられないような内容のものも少なくないのです。

大阪市の五八歳のお母さんから封書で届いたお便りを次に紹介しましょう。便せん十枚近くに及ぶ長文ですので、かいつまんでお知らせします。

「私は三十代の後半に夫を病気で失い、それ以来幼い娘一人を育てるために一生懸命働いてきました。

ただ、私には足に障害がありました。娘を出産した時から、どういうはずみか左足のくるぶしから下が冷たくて冷たくて、いつも凍っているような感じになったのです。関節や筋肉に異常はなく、違和感はありますが歩くのが困難というわけではありません。血液も流れているのに、ただただそこだけが氷のように冷たく感じるのです。冬はもちろん、真夏でも左の足首から下だけは毛糸の靴下をはいて過ごす毎日でした。

神経系などの医者に診てもらっても原因はわからず、マッサージがいいかもしれないというのであらゆるマッサージ師を訪ねましたが効き目はなく、また温泉療法ならというので各地で湯治治療をいたしましたがムダでした。加持祈祷にすがったこともありましたが、高額な料金を請求されるばかりで現状は一向に打開できなかったのです。

その不自由な足を引きずりながら、それでも娘の成長だけを生き甲斐に懸命に働いてきたのです。娘は毎日、私がお風呂からあがると、その足を『よくなれ、あたたかくなれ』といいながらもんでくれたものです。そうした娘の思いやりも力になって、ガムシャラに働いて娘を学校へいかせたのです。

その娘も二十五歳になり、職場で見染められてお嫁に行くことになりました。結婚式が近づいたある日、『私がお嫁に行ってしまったら、お母さんの足をもむ人がいなくなるね』と娘はいいながらマッサージをいつもより入念にしてくれたのです。

その翌日。その日は午前中だけの仕事が終わり、帰りに、日ごろは忙しさで本などは手にしたこともない私が、ショッピングセンターに店を構える本屋さんに迷い込むように入ったのです。そして本棚の、ある一点に眼が釘付けになりました。なんと、一冊の本の背表紙から、黄金の光が放射されているのです。そんなはずはないと、眼をこすって再び眼を開けると、隈本正二郎先生の新大霊界シリーズ④『神と霊の癒』という題名が飛び込んでまいりました。

目次に眼を通し、ぱらぱらと本をめくっていると、何だかジワ～ッと涙ぐんでくる感覚があって、背中が熱くなってきたのです。気がついた時には、何のちゅうちょもなくレジで本を購入していました。そして、走るようにして家に帰り、第一ページ目からむさぼるように読み始め、一気に読破したのです。そして、思いました。

『隈本先生ならば、私の足を治してくださる、きっと治してくださるはずだ』

この思いは確信に変わり、明日は朝一番に日神会に連絡をして神霊治療の相談をしようと決意したのです。その夜は、仏壇に夫の位牌を立て、その横にそのご本をお供えして眠りに就きました。

目が覚めると、なんだかいつもよりキラキラと明るく、心も何だかウキウキしていて不思議な気分でした。こんな気持ちのいい朝は、足が悪くなって以来初めてのことです。そして、いつもの癖で、布団の中の左足の足首に手をやってみて、ハッと驚きました。

あたたかいのです！

そんなはずはない、二十五年間も氷のように冷たかった足が、一夜にして元に戻るようなことがあるはずがない。半信半疑でもう一度、そっとさわり、そして強くさわっても、やはりあたたかいのです。娘をたたくようにして起こしてさわってもらうと、『ママ、あたたかい！』と言い、ひしと抱き合って喜んだのでした」

便せんの最後は、次のように結ばれていました。

「隈本先生、ならびに日神会の皆さま、こんな奇跡のようなことが本当にあるのですね。私は先生に救われました、いえ、正確には先生のご本にお救いいただいたのです。ありがとうございました、ありがとうございました」

この奇跡でわかることは、「不治の病や痛みで苦しむ人を救いたい！」という私が著作に込めた強い想いと、お母さんの「治りたい、絶対に治りたい」という強い想いとが同化し、和念エネルギーとなって患部に作用した結果であるということです。お互いの強い想い、強い祈りが合体し、そこに高き神霊の超エネルギーが降り注いだのです。

その後、娘さんの結婚式はとどこおりなく行われ、それから三カ月が過ぎたころ、その母と娘さんと、そしてお婿さんの三人で、日神会の長崎聖地を訪ねられ、感謝の神霊治療を受けられました。

いろいろな状況の差こそあれ、私たちの周りでこのような奇跡はほぼ日常的に起こっており、それほど珍しい出来事ではありません。眼に見えない神霊世界、想いの世界の深奥においては、このような霊妙な力が常に働いているのです。

病気の自己浄霊法、その原理と実際

一部の宗教家や霊能者、また祈祷師という人たちは、多くの信者に囲まれ、かしずかれ、ともすれば自分の身分を笠に着て、そこに安住し、また私腹を肥やしているという人も少なからずいるようです。そうした、あたかも、わが身が神か仏かと錯覚しているような宗教関係者に接するたびに、私はただただ残念に思い、そうした人たちを他山の石として自分自身を強く戒めております。

私自身が有する奇跡的ともいえる神霊治療能力というのは、私自身の力ではなく、奉持する守護神のおかげなのです。私の守護神は、霊界でも非常に高い位と格を備え、強大な神霊的パワーをもった高級神霊であります。私自身は神でも仏でも何でもありません。日常生活においては、単なる普通人であり、何か特別な存在であるということはありません。

ただ、私に特殊な能力があるとすれば、それは「高級神霊に心の波長を即座に合わせられる」という点です。つまり私にあるのは、一般の人が持っていない、あるいは持とうとしない「心の技《わざ》」を修得しているということなのです。この技は、初代会長隈本確教祖のもとでの長く厳しい修行のもとに相伝したものであり、これにさらに私なりの創意と工夫をこらし、全人生をかけてさらに進化・発展させるべく努力を惜しまず励んでいるものです。ではその「心の技法」とはいかなるものでしょうか、次に説明いたします。

心の技法——自己治療（浄霊）の原理

私たちの行う神霊治療というのは、病気の源になっている低級霊の憑依を取り除き、その穢れを磨いて光り輝く霊体として霊界へと送る浄霊行為と同時に、必ず依頼者本人へ守護神をお授けさせて頂いております。その守護神は、日神会の守護神であられる、聖地《せいじ》恩祖主本尊大神《おんそすほんぞんおおかみ》「聖《ひじり》の神」です。「聖の神」と依頼者本人の魂がしっかり結ばれることによって、幸せな人生を歩むことができ、またこの世を徘徊するさまざまな悪霊などの低級霊の憑依から守られるのです。

ですから、一度でも神霊治療を受けて、すでに体内に守護神「聖の神」をいただいている人の場合、想いの世界で常に守護神「聖の神」と一心同体になる努力を怠らない限り、神の霊流（エネルギー）を常にいただいていることになります。そうしますと、低級霊などが取り憑こうとしても、神の霊流（エネルギー）というバリアにしっかり守られているので、寄りつくことさえできないのです。守護神というのは、文字通り低級霊からあなたを守ってくれる最高位の神霊なのです。

もし仮に、何かの拍子で低級霊に憑依されて体調を崩したりしても、守護神「聖の神」を一心に念ずることによって、自ら憑依を解くことができるのです。これが、守護神をいただき、日常的に感謝のお祈りなどを行ってその結びつきを深めている人の自己治療（浄霊）法です。

では、守護神のでていない人、神霊治療を受けたいのにまだその機会にめぐりあっていない人の場合はどうすればよいのでしょうか。

その場合は、次に説明する《守護霊のでていない人の自己治療法》に従って、真剣に自己治療に取り組んでいただければいいのです。ただしそれによって、私や日神会の神霊治療能力者が実際に行う神霊治療と同じ程度の効果が得られるかといえば、それははなはだ疑問です。せいぜい十パーセント程度の効果かもしれません。それでもお試しになりたいという方のために、いくつかの方法をご説明いたしますが、その前に次ページの図⑩を見てください。

この図は、本書のPart2「霊の力と予知の原理」の項における「潜在意識と超意識の図」の応用により、自己治療（浄霊）法の原理をわかりやすく図解したものです。

図の中心部分に二つの三角形がありますが、この一方をあなた自身とし、もう一方は神霊治療能力者とします。この図では、神霊治療能力者を私、隈本正二郎と決定しています。そして、前に説明した「潜在意識と超意識の領域は、霊を媒体として他者の意識世界とも交流でき、意識を通じ合うことができる」ということを思い出していただきたいのです。つまり、潜在意識とさらにその深奥にある超意識の領域は、神霊の交流帯であるということです。

想いの世界においては、この神霊の交流帯をとおして、私（神霊治療能力者）もあなた（依頼人）も魂の領域で一つになることができるのです。あなたは私の魂に波長を合わせるこ

図⑩　自己治療（浄霊）の原理

守護神が出ていない人のための、
筆者（隈本正二郎）の守護神「聖の神」による
「心の技法」での自己治療（浄霊）法

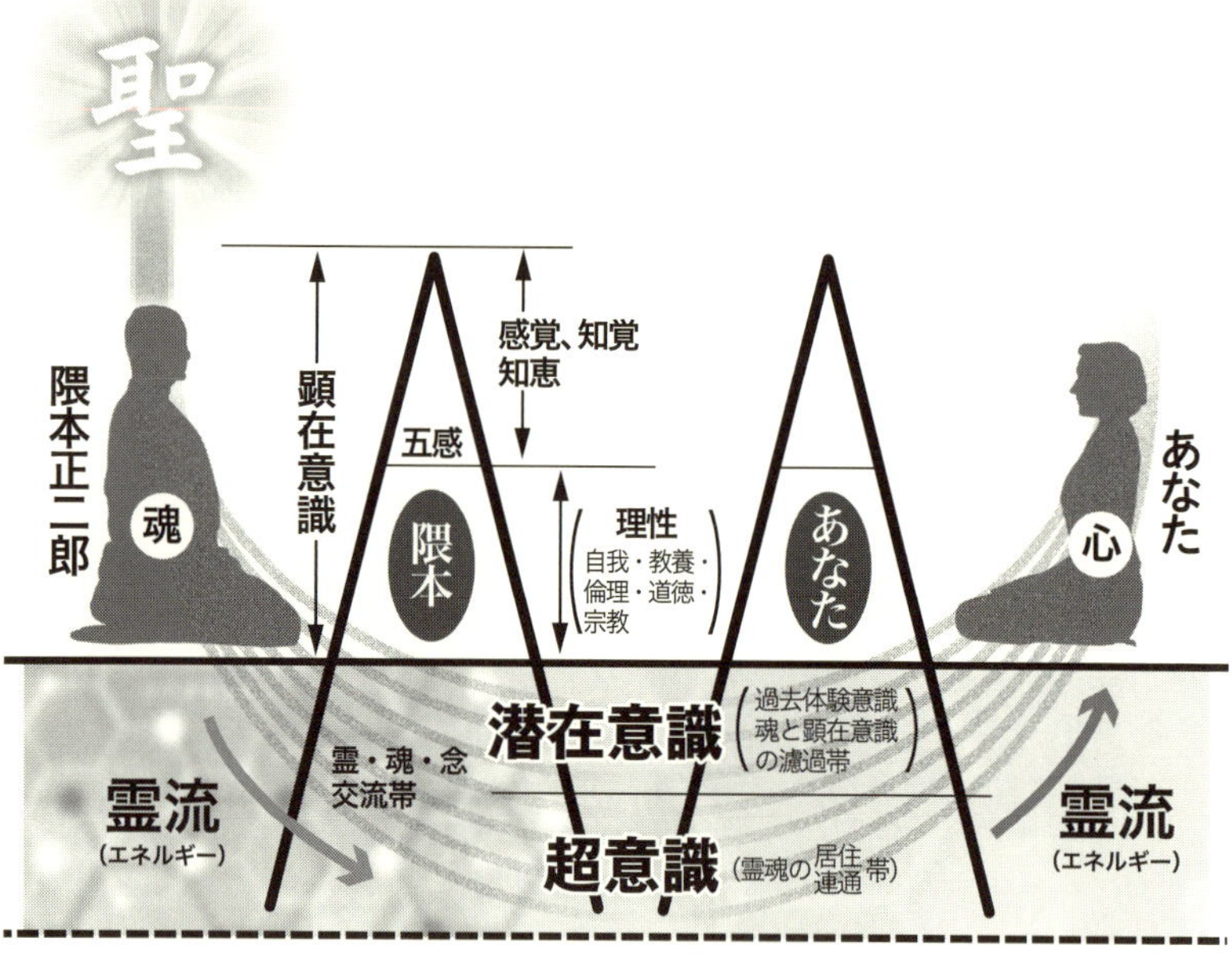

霊界における、あなたの「想い世界」の中で、私（隈本正二郎）への全幅の信頼、一体化、そしてゆるぎのない強い祈りの心があれば、私の守護神「聖の神」からの霊流（エネルギー）が受けられるようになり、自己治療（浄霊）は完成となる。

とで、私の守護神から霊流（エネルギー）を受けることが可能になり、そこにおいて、瞬時に自己治療が成しとげられるというわけです。

ここで大切なことは、あなたの想いの世界（心）に、いかに私をしっかりと住まわせることができるかということです。どういうことかといいますと、あなたが、一切の邪念を捨てて無心になり、私に対しての疑念や不安の類を一切払いのけ、私への全幅の信頼と強い祈りの心を持つことができるかということです。これがすなわち、心の技法の根本であり、自己治療法を行う場合の基本となる心の整え方ということができます。

この自己治療が成功するか否かは、あなたが想いの世界で、神霊治療能力者である私に波長を合わせることができるかが鍵になるということです。それに成功すれば、必ずなんらかの効果は現れるはずです。何度もいっておりますが、霊界という想いの世界は距離も時間も超越した世界です。その想いの世界で、あなたと私が同居すればよいのです。つまり、あなたが心の中で、どれだけ深く私に対して「祈りによる想いの橋」をかけられるかどうか、これによって成敗は決まるのです。

それでは次に、守護霊のでていない人の自己治療法、自己浄霊法について、三つの技法を説明いたしましょう。

守護霊がでていない人の自己浄霊法――その1

1　できるだけ静かな部屋で、一人静かに正座をし、背筋を伸ばして次ページ写真①のように九字（手印）を組みます。組んだ手はみぞおちのあたりにふれるかふれないかという程度にして、両ひじを張ります。この時、ひじから組んだ手にかけての腕はできるだけ水平になるようにします。また、肩や腕、手などにはあまり力を入れず、自然体を心がけてください。

2　軽く目を閉じて、下腹にグーッと力を入れます。力を入れ過ぎると呼吸が苦しくなりますから、そうならない程度に下腹に力を入れるということです。この状態を続けていると、早い人で三十秒、遅くても一分ほどで何の考えも心に浮かばなくなってきます。

3　この状態に入ったら、胸の中に私の名前「隈本正二郎《くまもとしょうじろう》」という文字を一字一句、はっきりと思い描いてください。何回も、何回も……。そして、あなたの意識の中であなたの顔、手、足など体全体が私・隈本正二郎のものと入れ替わったような、一心同体となって同化してしまったような想いの状態になることができれば、なおよい

写真①　九字の組み手

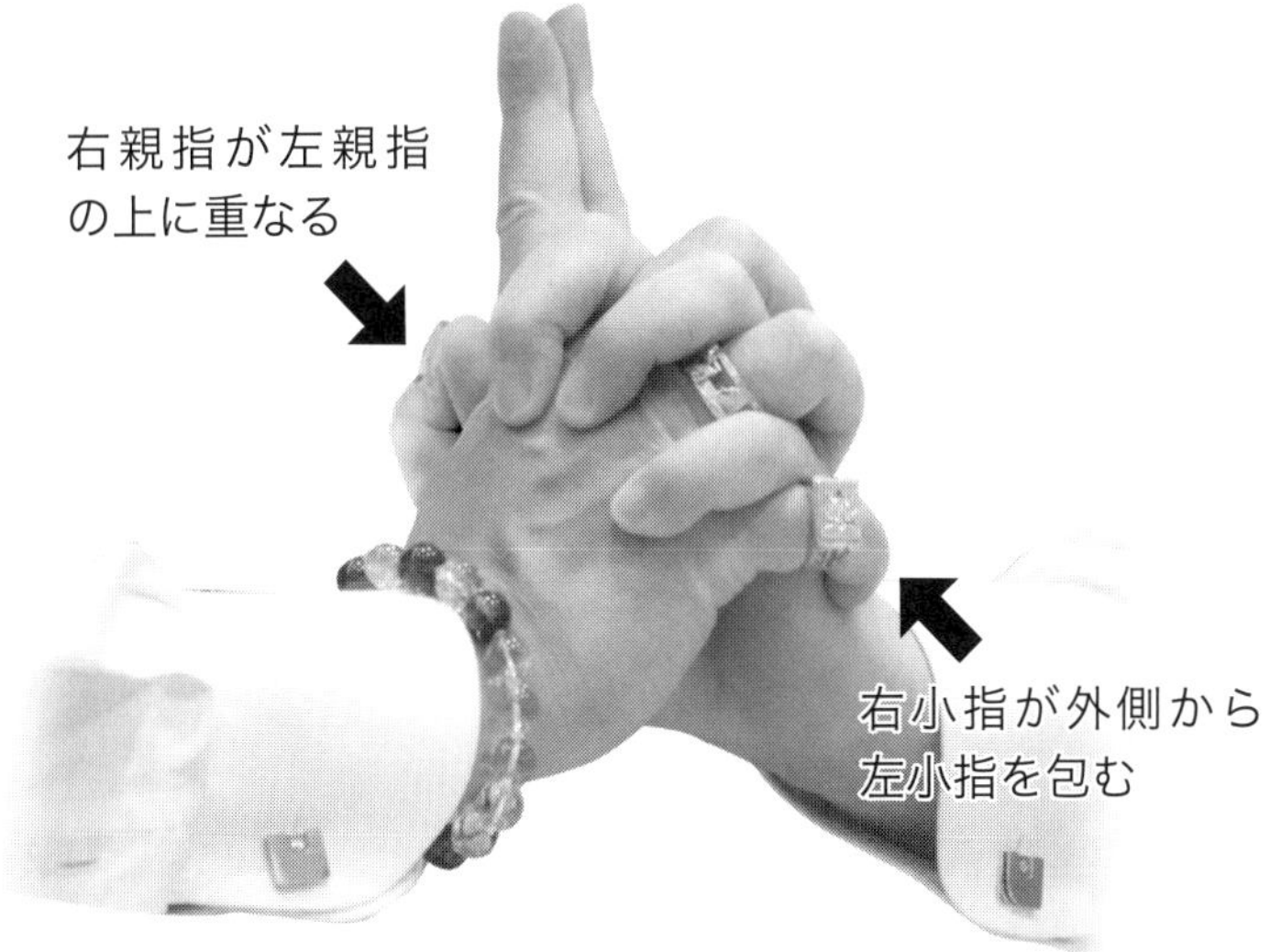

4

でしょう。つまり、あなたが、想いの世界で隈本正二郎になりきるということです。胸の中に描いた「隈本正二郎」という文字の後方というか、ずっとはるか奥のほうへ、その文字から流れる霊流（エネルギー）を吸いとるような想いをつくりだし、深く深く、「吸いの呼吸」を繰り返します。「吸いの呼吸」というのは、息を吸うことから呼吸を始め、深く胸いっぱいまで吸って、そこでほんの少し吐き出してさらにどんどん、連続的に、くり返し吸っていく呼吸のことです。息を吐くよりも、吸うことを中心にした呼吸法です。この時、「お願いしまーす！」という深い祈りの気持ちを込めて呼吸をくり返します。

胸の中に私の名前を描くということは、あなたの胸中に私（正確には私の守護神）を内在させることなのです。あなたは胸の奥深くへ吸いの呼吸をくり返すことで、私の守護神「聖の神」の霊流（エネルギー）を吸いとりつつあるのです。霊感の強い人はこの時、胸のあたりに弱い電気が走るようなピリピリ感を覚えたり、何かじんわりとあたたかい微風のようなものを感じるかもしれません。

5

吸いの呼吸を続けながらこの段階までできたら、今度はあなたの胸の中に、あなた自身の体の疾患部分をはっきりと、守護霊に訴えるように想い描くのです。

頭が痛いのなら頭、肩なら肩、腰痛に苦しんでいるなら腰、胃の病気なら胃、心臓なら心臓を、あなたの胸中にしっかり、はっきり想い描いてください。すると、すでに先ほどあなたの胸中に内在させていた私（私の守護神）と、あなたの疾患部分（腰なら腰）とが、あなたの胸中において同居することになります。この状態で、深く大きな吸いの呼吸をゆっくりくり返すのです。

こうして三〜五分のうちには、時空を超えた神霊の働きが患部に作動し始めるでしょう。

守護霊がでていない人の自己浄霊法――その2

1　正座をして軽く目を閉じ、あなたのすぐ前に私・隈本正二郎がいることを、想いの世界で確信してください。

2　あなたが眼の前にいると確信した私に向って、両手のひらをかざすように向けます。

3　そして胸から下腹にかけて手前に引くような感じで、グーッと力を入れ続けます。この間、呼吸は自然にできる程度の状態に保っておきます。

4　眼の前の私に対して向けられた手のひらから、腕を伝わってあなたの胸の奥深くにかけて霊気（神のエネルギー）を吸いとる深い想いを込めて、大きな深呼吸をくり返します。この時、眼の前の私（の守護神）に対して、「お願いしまーす」と静かにしかし、強く、心の底から念じます。

この状態を一分ほど続けていますと、手のひらばピリピリしてきたり、手のひらから腕を伝って風のように走る霊気のようなものが感じられるでしょう。やがて、胸の中心部がフワッとあたたかくなってきます。それが、お互いの超意識帯（神霊交流帯）を通じて、私の霊流（エネルギー）があなたに流れ込んでいった証なのです。

5

この状態を保ったまま、あなたの胸に、あなたの疾患部分をはっきりと想い描くことで完了します。

この自己浄霊法の一連のプロセスは、個人差はありますが、三〜五分で効果が現れてきます。痛い個所があったなら、それがすみやかに解消していくようすを実感できるでしょう。

※神のエネルギーの感じ方は人それぞれ違います。胸がフウァーとあたたかくなる方、手のひらがビリビリと体感される方、また逆に全くなにも感じない方。

守護霊がでていない人の自己浄霊法――その3

1　まず正座をして、心を落ち着かせます。そして、想いの世界で、あなたの胸中に私をすっぽりと入れてしまってください。これについては、本書の表紙カバー裏の折り返しにある私の写真をよく見つめ、しっかり眼の底に焼き付けて眼を閉じ、そのままの状態で、私の姿がはっきりと胸中奥深くに描けるように、あらかじめ何回も練習を積んでおくとよいでしょう。

2　あなたの胸中に入った〝私〟に対して、「お願いしまーす」と深く想いを念じます。この時、先のその1、その2の場合と同様に、軽く目を閉じて、呼吸ができる程度に胸から下腹にかけてグーッと力を入れておくのが、この心の技法のコツです。

3　あなたの胸中に入った〝私〟から霊流（エネルギー）をあなた自身の胸の奥深くに吸いこむような気持で、大きい吸いの呼吸をゆっくりとくり返します。
こうして深呼吸を何回かくり返しているうちに、胸のあたりに霊流（エネルギー）のほのあたたかい感触を感じるはずです。これは、私とあなたとが、想いの世界で一心同体となっている証拠です。この時点で、すでに浄霊が完了して病気が治る人もいるくらいです。

4　これは、想いの世界ですでにあなたと一心同体になっている私が、あなたの体を使って行う神霊治浄霊と思っていただければ納得がいくでしょう。この一連のプロセスも、やはり三～五分で効果がでてくるはずです。

以上、守護神のでていない人のための三つの自己浄霊法を具体的に説明いたしました。これは、私が依頼人の方に行う神霊治療の心の技法を、自己浄霊法としてアレンジしたものです。

この三つの自己浄霊法を行って、実際に浄霊効果が少しでも感じとれたなら、一日に何回でもくり返し行っていくことが大切です。一度で完璧に行われ、すべての病が治ることは自己浄霊法においては難しいので、回数が多ければ多いほど効果も多く得られるということなのです。

現在とりたてて健康に問題はない、日常生活も順調だという人にとっても、自己浄霊法は実はすごく有用なので身につけておくことをおすすめします。私の姿を胸中に描き、吸いの呼吸で霊流（エネルギー）を感じ取れることができれば、あなたの胸中に私の守護神が乗り移ったことになり、その守護神によってあなたは守られることになるからです。つまり、たとえ守護神をいただいてない人であっても、この浄霊法を行うことで、高級神霊のご加護を授かることができるということなのです。

自己浄霊法は、一回とか、一日、一週間でおしまいではなく、日々の生活の中で、たとえば朝のラジオ体操を行うように、日常のルーティンとしてやり続けることが大切です。これをおろそかにすると、神はいつの間にか姿を消し、効果も消滅してしまうのです。

ただし、もともと神霊治療は「心（想い）の技《わざ》」ですから、同じように自己浄霊をしても、人によって効果に差が出ることはいたしかたのないことです。技術というのは、得手不得手や経験により差がでるものです。しかし、その技術のつたなさをカバーするのは、あなたの心の持ち方、想いの強さです。自己の胸中に、想いのたけをいかに深く強く注ぎ込むことができるかが成否を大きく左右するのです。

読者の皆さまに、ここでお願いが一つあります。私が今説明してきた自己浄霊法によって、痛みや病が解消した、あるいは快方に向かった、軽減した、また人生が上向いたなどの効果を感じられたら、その旨《むね》をぜひ日神会長崎聖地までお便りをいただきたいということです（連絡先は本書の『あとがき』に記しています）。そうしたお便りを参考にして、より効果的な自己浄霊法の開発にいそしみ、一体でも多くの悩める霊魂を救済し、一人でも多くの不運に苦しむ人々に幸せな人生を歩んでいただきたいと願うからなのです。

警告！　自己浄霊法で悪霊を呼び込むこともある

これまで私は自己浄霊法の効果や利点ばかりを挙げてきましたが、実はこれには霊的に危険な側面があるということもお伝えしなければ片手落ちになってしまいます。自己浄霊法を推奨し、推し進める者の責任として、読者の皆さまにその注意点をお知らせいたします。

まず第一は、自己浄霊法は絶対に生半可な気持ちで用いたり、面白半分に試してはならないということです。

これが眼に見えない心の世界である霊界に対して、その怖さを知らない人間の心の技法で操作しようとするものである限り、当人の心の持ちようしだいでは、そこに霊界側からの思わぬ凶悪なしっぺ返しが現れないとも限らないからです。

人間がトランス状態（入神状態）に入るということは、心も体も霊界に波長が合っているということであり、それはつまり、霊に対して全く無防備な状態ということでもあるのです。たとえば高級神霊とのコンタクトが取れる前に、いち早く凶暴な低級霊と波長が合ってしまったら、とんでもないことになりかねません。とくに、霊の波動を受けやすい霊媒体質者は要注意です。

ただし、すでに私や日神会の神霊治療能力者によって神霊治療を完了し、体内にしっかりと守護霊をいただいている人であればまったく問題はありません。まだ守護神を持っていない人が、興味本位に自己浄霊法を実践することの危険性をご理解ください。

もしも、本書を読みながら自己浄霊法を行っているさいちゅうに、あなたの身に何らかの不自然な霊的な現象が現れはじめたら、ただちにそれを打ち切ってください。不自然な霊的現象というのは、低級霊の憑依によるもので、次のような現象を指します。

● 急に不快な霊視・霊聴現象が起こり、不気味な霊の姿が見えたり、霊のささやきが聞こえはじめる。

● 自分の意志に反して、体や手が突然震えはじめたり、動きはじめて止まらない。

● 心身に日ごろ感じたことのないような不快感、不安感が湧きあがってくる。

私の聞いたところでは、急に鼻血が出て止まらなくなったという方がおりました。このような時は、すぐに自己浄霊行為をやめて、一刻も早く低級霊の憑依から逃れなければなりません。そして、このような人は、低級霊と波長の合いやすい人ですから、再び自己浄霊法を実施することは絶対に控えてください。そして一日も早く日神会の神霊治療能力者による治療を受け、体内に守護霊をいただいてから自己浄霊に励むようにしてください。

自己浄霊はこうして停止する

自己浄霊法を実施していて低級霊に憑依され、恐くなってそのまま中止する方がいますが、すでに低級霊に憑依されているので危険です。あわてずに次のような手順で、低級霊を追い出してください。

1　まず、「自己浄霊法——その1〜3」のいずれかを行っていた場合にも、九字（183ページの写真①）をしっかり組んだ状態にもっていき、強く強く、グーッと下腹に力を入れます。そして、胸中に私の名前もしくは私の姿を強く想い描きます。

2　胸中に描いた「隈本正二郎」の文字または私の姿に対して、「先生、この怪奇現象（あるいは震えなどの不快な現象）を止めてください、お願いします！」と三回ほどただ一心に強く念じます。念じるというのは、心の中でその想いを叫ぶことで、決して声に出してはいけません。また、「お願いします！」のところは、とくに強く真剣に念じてください。

3　すると、あなたの身に起こっていた霊的現象がスーッと解消するはずです。そうしたら、組んだ手を静かにほどき、深呼吸を二、三回行います。そして最後に、「隈本先生、ご守護をお願いします！」と二回ないし三回、あらん限りの力を込めてお祈りします。

以上が、自己浄霊法の実施中に起きた突然の霊的怪奇現象に対する解除の方法です。この方法で解除した場合、それにともなって霊障による病気も治ってしまうということも多々あります。またこの方法は、他者の生き霊による呪いなどの加念障害や、悪徳行者による不動の金縛りなどにも有効です。

自己浄霊は信念と信頼を込めて行う

自己浄霊は気軽に行える浄霊法ではありますが、その反面、霊的には非常に危険な側面もあわせもっているので安易な気持ちで行うと被害が伴うこともあるということについて述べてきました。

人間は、自分の病気を治したいがために、あるいは健康を保ちたいがために随分いろいろなことをしているものです。たとえば、ヨガが健康にいいと聞いてヨガ教室に通いはじめたDさんのお話です。

Dさんはヨガだけではなく、ランニングもいいと聞いてすぐにシューズを買って走りだしました。ところが、一週間もしないうちにひざを痛めて辞めてしまいます。

それでも何か体を動かさなければと、今度は無謀にもキックボクシングのジム通い。しかしここではろっ骨を骨折してダウン。接骨院に通っても、胸の痛みがなかなか治まりません。そのうち、ランニングで痛めた膝も再びうずきだしました。

「こんなに不調が重なるのは、何かのタタリではないのか」

こんなことを妄想するようになって神社の心霊スポットをめぐるうち、いつの間にか性質《たち》の悪い低級霊に憑依されて、全身に痛みが発生。医者もお手上げ状態です。街の祈祷師のもとへ助けを求めますが、これがとんだ食わせ者で、お金を絞り取られるだけ取られて、どこかに雲隠れされてしまいました。

途方に暮れたあげく、日神会に駆け込んでこられたのです。

こういうDさんのような方は、程度の差こそあれ、最近とくに多くお見かけするようになりました。ちなみにDさんの場合、そもそも何の気なしにはじめた最初のヨガ教室で低級霊に取り憑かれたようです。

ヨガは霊の世界とは関係ないように思われますが、最近は瞑想、スピリチュアル、ヨガ、また禅などといった領域にまで、低級霊がはびこるようになっているのです。それというのも、これらヨガや瞑想などは、人間の潜在意識および超意識、すなわち霊魂交流帯になんらかの作用を及ぼす行為であり、こういう場に集まる人間はおうおうにして霊媒体質者が多く、低級霊にとっての草刈り場となっているからです。

そのため、ヨガや座禅などを行っている時、突然奇声を発したり、悪霊が動き回っているのが見えたり、また急に走りだして柱にゴツンゴツンと頭を打ちつけたりということがしばしば起こるのです。Dさんのランニングによるひざの痛み、キックボクシングによるろっ骨の骨折も、もとはヨガ道場で取り憑かれた低級霊のせいでした。

霊障ですから、Dさんの痛みは治まるわけはなく、医者にいっても治りません。そこで、心霊スポットや祈祷の現場でさらに悪質な低級霊に憑依され、全身の痛みに襲われるようになったのです。

精神的不安やストレスをとり除き、健康維持のためにはじめたヨガが、思わぬ低級霊による負の連鎖を招いてしまったのです。

ヨガ、スピリチュアル、座禅、写経などに軽い気持ちで参加する場合、このように、その裏側にある危険性についても十分承知しておかなければなりません。これら、霊魂交流帯に作用する行為には、低級霊の憑依というリスクがつきまとうからです。

すでに守護霊をいただいている方、その守護霊の霊格向上のために日々精進されている方には、いうまでもなくこうしたリスクはまったくありません。ごく一般の人が、瞑想や座禅、ヨガなどの霊的行動をする場合は気をつける必要があるということです。とくに霊媒体質の人、また心身の疲れや不調が激しくて霊媒体質になりかけている人ほど、危険性は高くなります。

心の技法とは、その用い方を一歩誤れば、とんでもないことが起こらないとも限らない世界です。さらに、当人の体質、当日の健康状態、心の強弱、精神状態によっては、深いトランス状態（入神状態）、精神統一状態に入ったその時、突如として霊媒体質に切り替わってしまい、低級霊に対して門戸を開放した状態になることもあるのです。

自分の病気を治したいという強い信念と情熱を持ち、私という神霊治療能力者に対してみじんの揺るぎもない信頼の心でもって接すれば、この《自己浄霊法》は必ずや正しく実行されるでしょう。しかし、それぞれの人間が内在させている念の世界というものは、多種多様に分かれ、また複雑に交錯しているものですから、《自己浄霊法》を実行するにあたっては、くれぐれも注意の上に注意を払うように、ここで重ねてお願いするしだいです。

低級霊媒体質からの脱出法

低級霊に憑依されやすく、憑依されるとその霊障の苦しみが増大する低級霊媒体質者。こうした体質から脱却するにはどうしたらいいのでしょうか。

答えはすごくシンプルです。各人が神霊治療を受けて、守護神の出現を仰ぐに限ります。

そうすれば、霊媒体質者であっても高き守護神に守られて、低級霊は近づくことすらかなわなくなり、高級霊媒体質者へと移行できるのです。すると人生は一気に好転し、すべてはいい方向へ、いい方向へと進んでいくでしょう。

しかし、すべての人が神霊治療能力者による神霊治療を受けられるわけではありません。そこで、低級・高級にかかわらず、そもそも霊媒体質にならないためにはどうすればよいのか、そのことについてお話しましょう。

その一　運動と労働——適度に体を使って霊媒体質を予防

私の神霊治療を受けられて、眼の前で晴れ晴れとした表情の依頼人に対して、私は必ずといっていいほど「運動」をすすめます。というのも、依頼人の十人中八人くらいは体に覇気が感じられず、明らかに運動不足という人が多いのです。筋肉質でがっしりとした、いかにもスポーツマンタイプというのは、あまり見かけないのです。

運動が苦手、できれば体を動かしたくないというような人は、イライラや不安感、ちょっとしたことに敏感に反応するなどでストレスが溜まりやすく、うつ症状や精神的に問題がある人が多いのです。そしてしだいに幽体密度が濃くなって霊媒体質者へと変質しやすいので注意が必要です。運動不足は霊媒体質者になる主因といえます。

運動選手、野球やサッカー、テニスなどで日ごろから運動が好きな人、また体を使う仕事に就いている人には、霊媒体質者は滅多にいません。ただ、ケガをしたり病気などになって運動をやめた途端に、急激に霊媒体質者になることがあります。また、家庭の主婦でも、掃除・洗濯・食事作り・育児などに手を抜かずこまめに、心を込めて家事労働をこなしているような方は、霊媒体質には縁遠い人ということができるでしょう。家の近くの空き地を借りて畑で野菜づくりをはじめたら、霊媒体質から脱出できたという主婦の方もおられました。太陽のもとで汗をかくということも大事なことなのです。

これに対して、一日中イスに座りっぱなしの仕事をしている人、とくに最近はコンピューター関連のプログラマーなどに霊媒体質の人が多くみられます。また、係長・課長・部長といった中間管理職にも連日の残業などで運動不足の人が多く、たいてい霊の憑依を受けやすい霊媒心質・霊媒体質になってしまっています。部下を怒鳴り散らすとか、会社を理由もなく休むなどはその初期症状で、数体の低級霊に取り憑かれるとその霊障によって極度のうつ病を発症したりします。

パイロットや列車・電車・バスの運転手、医者など人命をあずかる職業の人は、ストレスから幽体密度が濃くなりやすいので、ジョギングやスイミングなど、決まったトレーニングをして体調を整え、強い心身を培《つちか》うことが必要です。霊媒体質者になってしまうと、突然の憑依に見舞われ、それが大事故、大惨事、また医療事故につながることはよくあります。

そのほか、自動車で学校の送り迎えをしてもらっているなど過保護に育てられた子供、受験生やがり勉タイプの優等生、また仕事をせずに一日中パチンコ暮らしという人などが霊媒心質・霊媒体質になりがちです。いずれも、根本の原因は運動不足です。

運動するといっても、スポーツクラブに入会するなどたいそうなことをする必要はありません。近くの公園や川辺、海辺でジョギングとか、朝起きたら体操をする、電車通勤では一駅遠い駅で降りて歩く、エレベーターやエスカレータを利用せずに階段を上るなど、日常的に体を使い、動かせばいいのです。

私事で恐縮ですが、神霊治療能力者である私は、毎日のように霊を体に取り込んでおり、ある意味霊媒体質者の中の霊媒体質者といえるわけです。だからこそ、依頼者の無数の霊（時には凶悪きわまりない霊もいます）に対して、びくともしないだけの体質と心質を備えていなければなりません。そのためには、雨の日も風の日も運動を欠かさず、体がきついからといって休むようなことはしません。むしろ、きのうの疲れが残っているというような日は、いつもより運動を少し多めに行うようにしています。

依頼者に対しても、神霊治療の後は、「できれば歩いてお帰りになってください。家に帰ったら、さっそくきょうから運動や仕事を始めてください」と体を使うことをおすすめしています。

こうした日々の運動、体を動かすことが、霊媒体質になることを防ぎ、またそれが現界をさまよう低級霊を包み込むことのできるだけの広くて深くて強い心質、強靭な体質をつくりあげることにつながるのです。

その二　心の姿勢――暗い想念に群がる低級霊たち

運動とともに、霊媒体質から逃れるための重要なポイントが、常にプラス思考をするという心の姿勢です。決して、想い（心）の中にマイナスの想念を持たないということです。「もう歳だからダメだ」「学歴がないから出世はあきらめた」「毎日がつまらない」「俺なんか女性が相手にしてくれない」「夫が浮気しているのではないか」「胃の調子が悪いがガンだろうか」「今の上司とはソリが合わない」「将来を考えると不安だ」……。

ものごとを悲観的にばかりとらえ、解決策も考えずに暗い顔をして悩んでばかりいる消極的で悲観的な人――。こうしたマイナス思考の強い人は、知らず知らずのうちに霊媒体質に傾いていきやすいということを肝に命じてください。イライラ、クヨクヨの人生は、悪霊や低級霊に食いつぶされやすいのです。

もともとは明るいプラス思考の人間であっても、近親者の死、事業の失敗、リストラ、友達や恋人の離反や裏切りなどで悲しみ、不安、焦燥、怒りなどがつのってマイナス指向に陥るケースも多々あります。

しかしこうした場合でも、気持ちをしっかりもって、めげそうになる心を何とか支え、立ち直らせて、自らがプラスの方向を志向するように、気持ちの舵《かじ》を切り替える必要があります。いざという時自分を見失わないように、想いの世界（心の世界）を日ごろから管理する習慣を身につけておくことも大切なことなのです。

肉体的に軟弱で、性格的には優柔不断、そして暗く陰気な雰囲気――これは低級霊や悪霊のもっとも好むタイプの人間なのです。

さらに、病気などに対して神経質すぎるというのもよくありません。ちょっと熱がでただけなのにあわてて病院へ駆け込むとかは、幽体密度を濃くする原因になり、病院内に巣食う低級霊に取り憑かれて重病化することにもなりかねないのです。心身の弱った人が来院する病院や医院は、低級霊の巣窟でもあるのですから気をつけなければなりません。

大切なことは、人生上のどんな事態に遭遇しても、心の冷静さを保つということです。心を動かされないこと、乱されないことです。たとえばガンの宣告を受けても、そのことによって心が不安定になり、揺れ動くことが問題なのです。そうはいっても、多少の動揺は仕方ありません。絶望したり、いつまでもクヨクヨすることが問題なのです。そうした人間の心のすき間を、低級霊たちは虎視眈々《こしたんたん》とねらっているのです。

その三　食事はおいしく——素材や添加物に神経質になりすぎないこと

食事といえば農薬や添加物に異常に敏感な人がいます。これには発ガン物質が含まれている、あれも発ガン物質だなどと、食品の包装紙の原材料名などを隅々まで読んで戦々恐々。しかし一方では、医者に処方される薬にしても、効力の高い薬ほど副作用（毒性）も強いはずなのに、おかしなことに、そういう薬が何の疑いもなく盛んに服用されているという現実もあります。いったい、どういうことなのでしょうか。

もちろん、食品に不自然な添加物など加えないほうがいいのに決まっています。味もいいし、体にもいいはずだからです。しかしこの件に関して、私はあまり神経質になるのはどうかと思います。神経質になりすぎるということは、先に述べたマイナス思考につながりやすいからです。

むかしはそんな細かいことに構わず、家族みんなワイワイ楽しく、ときにおかずを奪うようにしておいしく、楽しく食べたものです。それでこそ、胃が元気に働くというものです。あれこれ考えすぎて、あれもダメ、これもダメでは、胃だってげんなりするのではないでしょうか。胃が元気に働けば、より体が元気になり、脳の働きも活発になって、日常生活に張りがでてきます。

ところが、健康を気にし過ぎて、たとえば菜食主義や断食など食べ物を制限している人がいますが、そういう人こそ病気にかかりやすくなるのです。体力は弱り、また考えすぎてマイナス思考に陥りますから霊媒体質になりやすく、あげくは低級霊に食いものにされるという皮肉な結果が待ち受けているのです。

体調がよくないから菜食や断食をするというのであれば、それはむしろ逆で、そういう時こそ栄養的にバランスのとれた食生活が必要なのです。よほどの事情がない限り、栄養価が高くて新鮮でおいしいものをどんどん食べることこそ、霊媒体質をはねのける元気な体づくりに必要なことなのです。

また食事時間は一人でさびしく、細々とではなく、家族や気の合う仲間同士、みんなでいろんなことを話し合い、笑いながら楽しく過ごしたいものです。

ここで私がいいたいのは、食事の時間というのは、体の栄養だけではなく心にも栄養を与える時間だということです。こうして、強い体質、強い心質をつくっていれば、いかなる霊が憑依してきても、体や心が傷ついたり破壊されることはありません。

なお付け加えますと、日神会では、神霊治療を依頼された方に、飲食のことで実行していただきたい二つのことをアドバイスしています。

まず一つは、のどが乾いたら生水《なまみず》を飲みなさいということです。生水というのは煮沸していない水であり、普通の水道水で十分です。ペットボトルに入ったブランド水でなくてよいのです。

生水は、そこに含まれる酸素が人間の肉体エネルギー、すなわち生体エネルギーに及ぼす効用が、科学的にも認知されています。盆栽でも、一度沸かした水を注いでいると枯れてしまうそうです。なお、日神会の長崎道場と東京道場にある聖水座からは、蛇口をひねれば新鮮な聖なる生水が注ぎでます。来館者は、これを飲んで生体エネルギーを補給します。またペットボトルにくんで持ち帰り、日常の飲み水として利用するのもよいでしょう。のどが渇いたらジュースをという人がいますが、これこそ中に何が入っているかわかりません。添加物や合成物質だらけです。

二つ目のアドバイスは、食事の時、生の緑色野菜をできるだけ添えて食べなさいということです。

緑色野菜とは、キャベツやレタスが代表ですが、ホウレンソウ、ピーマン、キュウリ、ブロッコリー、シュンギク、ニラ、またダイコンの葉やパセリなども立派な緑色です。これに関しては、栄養学的根拠がどうのこうのというより、私の体験から判断しておすすめしていることです。

ともあれ、毎日の暮らしの中で、以上のような霊媒体質になりにくい体づくり、霊媒心質になりにくい心の持ち方を実践することが大切なのです。

Part. 4

守護神についての考察

人間と霊界人の力の差は歴然

私は前章で、病気の自己浄霊法や、どうしたら霊媒体質にならないかということについて書いてきました。そして、そのキーポイントは「各人が守護神の出現を仰ぐこと」であると説明いたしました。

この章では、その守護神についての考察です。

読者の皆さんにはまず、守護神と守護霊とはちがうということをわかっていただきたいと思います。

まず「守護霊」ですが、一般的には「私たち人間を直接守ってくれる善霊」というようにお考えください。さらに詳しくいえば、個人についている多くの背後霊の中で、その中心的な存在の霊魂であり、その人の人生に大きな影響を及ぼします。この場合、本人が気づいているいないにかかわらず、その人間を守護しているわけです。

しかしそうした、私たち人間と直接深いかかわりを持つ霊魂（守護霊）というのは、現界に近い場所にいるわけですから、霊の格としては実はまだそれほど高いというわけではありません。ですから、そのような未熟な霊魂がいかに善の意志をもって私たち人間を守護していようとも、凶暴な力をもつ悪霊や怨念霊には太刀打ちできないという事態も起こり得ています。

つまり、いまだ霊魂としては未熟な守護霊だけでは、悪霊に取り憑かれることがしばしば起こり、病気を発症したり、事故や災難に見舞われるのを防ぐことはかなわないのです。守護霊とはいっても、その霊自体の格が低く、力が弱いために真実の守護神とはいいがたいというわけです。ここに、一般的にいわれる守護霊の限界があるのです。

そして「守護神」ですが、こちらは簡単にいえば、「守護霊を助け、見守る神格の高い神霊」ということになります。これには、無数の先祖諸霊のうち、もっとも浄化された格の高い霊界人が守護神としてふさわしいということになります。

当人とのかかわりの深浅とか相性とかも多少は吟味されますが、あくまでも霊界での格の高さ、能力の高さが重要なのです。さらにいえば、守護神と呼べる存在は、当人にかかわりを持つ全先祖霊の中で、最上クラスの格と力をもつ存在でなければならないのです。

私たちが人間としていかに真面目に精一杯清く正しく生きていこうとしても、強大なる力をもつ悪霊や怨霊などの低級霊に個人の力だけで対抗するのは非常に難しいものがあります。もちろん守護霊も働いてくれますが、守護霊というのは、現界にあって霊格を高めるためのいわば修行中の身であり、いまだ未熟な善霊なのです。

こうして、守護霊の奮闘もむなしく悪霊の類に憑依されると、なしくずし的に不幸のどん底に突き落とされてしまう危険があります。

自分は品行方正にして、日々自己の守護霊を磨き、霊格を高める努力をしているから大丈夫だとはいっても、何百年、あるいは何千年もの間、霊界と現界を行き来しつつ悪の想念の権化となった強力な悪霊にかかってはひとたまりもありません。現界人の命はせいぜい八十年です。それに宿る守護霊もその程度です。霊の世界は永遠ですから､守護霊(霊魂)は人間の死後に霊界へ昇りますが、実はそれから本格的な霊格向上のための、永遠の修行の道に入るのです。

ですから、人間に宿る守護霊は善霊ではありますが、何百年、何千年という想念を持ち続け、低級霊界と現界を行ったり来たりしながらさまよい続ける悪霊や怨霊との間には、残念ながら歴然とした力の差があるのです。

そのような低級霊に憑依された場合、私たち現界人は、どうしても守護神という神格の高い、強大な力をもつ神霊の力を借りなければならないことになるのです。私たち日神会の行う神霊治療も、高き守護神「聖の神」の力があったればこそのものなのです。

つまり人間は霊界人の力の前では赤子同然といっても過言ではありません。そのか弱き人間の平安な生涯を陰に日なたに見守り、いざという時には大きな力でたすけてくれるのが守護神なのです。

私たち人間は、病気による痛みや苦しみから逃れ、あらゆる事故、災難、不運からまぬがれるためには、どうしても守護神の助けが必要なのです。そして、守護神に対して日々感謝の気持ちを忘れることなく、お祈りを捧げて生きることを忘れてはならないのです。

守護神にも為にならない神もある

オカルト、スピリチュアル、心霊スポットめぐりなど、霊的な事象への関心が高まっています。こうした神霊ブームが一般の人々の間に浸透していくことは私にとってこのうえなくうれしいことではありますが、現状をつぶさに見ていますと、どうしても喜びよりも危うさのほうを感じざるを得ないことが多々あります。それというのも、あまりにもいい加減で真実の神霊学とはかけはなれた、エセ神霊学者が大手を振ってまかり通っているからです。たとえば、蛇やキツネなど人間以外の生き物にも霊魂が存在し、動物霊による霊障があるとか、さらには「私の守護神は、子供の時に飼っていたインコの霊よ」などと勝手なことをいう人まで現れてくるようになっては、何をかいわんやの心境です。

私の経験・研究では、霊魂が存在するのはいまのところ人間だけです。もし、動物にもその存在があったとしても、その波長はまったく異なるので人間界との交流は不可能だとされています。

それはさておき、ここではそうした守護神に関しての真実を申し述べたいと思います。

私たちのいう真実の守護神とは、神道や仏教で伝承されているもろもろの神仏とはまったく異質の存在です。つまり、神道や仏教などで盛んに喧伝されている神仏は、宗教的教え（哲学）による創造物であるのに対し、私たちのいう守護神はあくまでも霊界に実在する神霊、すなわち、人間救済の強力なエネルギーだということです。

昔から伝わる神道や仏教が、いかにものものしい神々の名を述べ連ねても、それは「絵に描いた餅」のようなものなのです。これでは、私たち人間がそのご加護をいただけるはずがありません。

また、人は伝承された空想の神々のほかに、多くの場合、宗教の開祖を信仰の対象にしています。こうした開祖は、私たちから見ると、自己の空想を理論化して開陳したにすぎず、霊界の真実を理解しているとは到底思えないのです。その開祖に従い続く人々も、永遠に続く霊界の模様などつゆほども知らず、ひたすら開祖の教えに熱狂しています。これは、たいへん不幸なことであるといわざるを得ません。

さらにいえば、現在崇《あが》められている多くの宗教の開祖たちが、いま霊界でどのような生活を送っているのかということも大いに問題です。果たして彼らは、霊界でどのあたりの位置にあるのだろうかという問題です。

生前は聖職者として多くの信者にかしずかれ、それがために心の中に傲慢《ごうまん》、不遜《ふそん》の想いを宿したまま他界した人間であれば、その穢れた魂が霊界に昇っても、高き霊格を得る見込みはまったくないというのが道理というものです。最悪の場合、生前の開祖さま転じて悪霊となり、地獄界に落ちているということすらあり得るのです。

悪徳宗教に金品を絞り取られて不幸のどん底に落ち込み、ついに我慢たまらず私のもとへ駆け込まれた方の神霊治療を施したことがあります。その治療中に、当の悪徳宗教の開祖の霊が現われたのですが、まさにお金の亡者となって地獄界で苦しみ叫び、のたうちまわっておりました。

こうしてみると、地獄に落ちた開祖を信仰している信者こそいい迷惑で、熱心に祈れば祈るほど地獄へ向かってまっしぐらということになってしまうのです。

つまり、私たちが奉持しなければならない守護神とは、神道や仏教などの理論上の救世主ではなく、またそれぞれの宗教の開祖でもないということがおわかりいただけるでしょう。

守護神とは、霊界という広大無辺の世界の中にその存在がはっきりと確認される先祖の霊でなければなりません。そしてさらに、その先祖の霊は、霊界へ昇って修行鍛錬を積み重ね、その果てに気高き霊界人となった神霊であらねばならないということです。

自分の先祖にあたる霊界人といっても、その霊界での格や能力はそれこそピンからキリまであります。霊界入りしてから千年、二千年とたっていても地獄でのたうちまわっている霊もあるのです。また、いまだに霊界人としての自覚がなく、人間界に出没している霊もたくさんおります。そうかと思えば、霊界に入ってわずか二、三百年そこそこで霊界人としての大いなる開眼《かいげん》を果たし、高き神界の住人になっている霊もあるのです。

こうしたことを考えると、安易な気持ちで守護神を選ぶと大変なことになるということがおわかりしょう。それはたとえば、スポーツでいえばいかに名コーチを選ぶかということであり、また生きるか死ぬかの病気にかかった患者さんがいかに名医を選ぶかということと同じようなことです。どんなコーチや医者を選ぶかによって、その人の前途は大きく変わってきます。

人間界は有限であり、情報の数もしれていますからまだいいのですが、霊界は広大無辺。そこに住む無数の霊界人の中から、真に格の高い、能力のある、しかもその人に最適な守護神を探しだすという、神霊治療能力者としてのこの仕事は、生やさしい気持ちでできるものではないのです。

守護神の選び方

ところで、守護神というのは本人の先祖諸霊の中から選ばれるということは、先に述べました。この先祖諸霊というのは、自分と直接に血のつながりのある先祖のことだと思われがちですが、実はそれだけではないのです。先祖霊には、次にあげる四つの種類があることを知っていただきたいと思います。

1　血の先祖霊　私たちが普通に考えている先祖のことで、直接血のつながりのある先祖の諸霊をいう。父と母、祖父と祖母、曾祖父と曽祖母……。たどると際限がありませんが、家系図とか過去帳でさかのぼれる範囲程度と考えてください。

2　屋敷の先祖霊　私たちが毎日寝起きし、生活している家の敷地内で過去に亡くなった人々の諸霊のこと。現在の家が建つ以前から、その敷地・土地における先祖霊を意味しています。

3　家の先祖霊　現在建っている自分の家で生活し、亡くなっていった人々の諸霊をいう。築百年以上といった、代々続く古い家ほど先祖霊の数も多くなります。

4　土地の先祖霊　家・屋敷のある敷地ではなく、それ以外の自己の所有地、たとえば別荘地とか、山や畑などで亡くなった霊を指す。

以上、四つの先祖の諸霊がありますが、これはぼう大な数にのぼります。中には、わけあって家系図や過去帳に記されていないものも当然ありますし、お墓にも入っていないものもあります。

こうした先祖諸霊の中でも、とくに現界人の人生全般に影響をおよぼし、日々の生活において直接かかわりを持つ霊を背後霊といいます。背後霊は、人間一人一人に必ずついており、その数は無数といっても間違いではありません。しかも、良い背後霊だけではなく、悪い背後霊、つまりあなたの人生に悪い影響を及ぼす背後霊もいることを肝に命じておく必要があります。その割合は半分半分といったところです。

あなたを守り、味方になってくれる背後霊が半分いれば、残りの半分はあなたを困らせる背後霊だということです。生まれつき病気がちとか、ケガをしやすい、事故に遭いやすいといった人は、こうした性質の悪い背後霊が影響している場合が多いのです。

さて背後霊についてては、また何かの機会に詳しく述べるとして、ここでは無数にいる先祖霊の中からいかなる基準で守護神を選び、人間の体内に導くかという本題について考えてみましょう。

まず大前提として、守護神には、当人の無数にいる先祖諸霊のうち、その人に善の意志をもつもっとも浄化された格の高い霊界人であることが求められるということです。つまり、守護神としてもっともふさわしいのは高級神霊ということです。

ところが、ちまたの霊能者の多くは低級霊と高級霊の見分けもつかず、たまたま自分と波長が合って霊視に映ってきた低級霊の生前の名前を臆面《おくめん》もなく依頼人に告げて、「この方があなたのご守護霊さまですよ。毎日、お経をあげておすがりなさい」などと、的はずれなことをいうわけです。

私は前にも書きましたが、低級霊であればあるほど人間界に介入してくるのに対して、高級神霊はその霊格が高ければ高いほど人間界と接触する意志をもたなくなってくるのです。現界（この世）に出没する低級霊というのは、まだ人間界にいたころのさまざまな怨念などの想念を捨てきれず、この世に未練を残している未浄化の霊なのです。こんな霊をたてまつって、「毎日お経をあげておすがりなさい」とは、まさに苦難の人生へ道案内をしているようなものではありませんか。ひと口に霊能者といっても、その能力はピンからキリまであるということなのです。

守護神たりうる神霊とは、高級神霊世界で生活され、本来はまったく人間界と無縁の存在なのです。能力の高い高級霊能者といえども、このような高級神霊とコンタクトをとることはたやすいことではありません。ましてや、お招きした高級神霊には、その人の守護霊として体内に滞在していただかなければならないのです。そうしなければ、高級神霊によるご加護はいただけないことになってしまいます。

こうして初めて、守護神があなたの体内に存在することになるのです。そして、その守護神に対して日々の感謝のお祈りを忘れてはなりません。守護神への強い祈りの心、深い感謝の想いこそが、守護神をいただいた者の勤めなのです。このお勤めを怠ると、守護神は再び神霊世界へ帰られてしまうでしょう。

さて、せっかくいただいた守護神ですが、それが果たして正しい守護神であったかどうかに関しては、ごく簡単な見分け方があります。

もし正しい守護霊であれば、その瞬間から、自分の祈りの力に応じて、運勢全体が好転し、何ごとも歯車がかみ合い、幸せが向こうからやってくるようになります。たとえば、長年苦しんできた持病が快方に向かう、仕事が順調に運ぶ、ギクシャクしていた対人関係がスムーズになるなど、驚くほどよい現象が現われてくるのです。

ところが、守護神は出現したものの、一向に病気が治る気配はない、いい事も起こらないし、相変わらず夫婦喧嘩ばかりというようなことであれば、その守護神は〝絵に描いた餅〟にすぎません。それどころか、守護神をいただいて以来、病気がさらに進行したとか、交通事故に遭った、上司と取っ組み合いのけんかをしてしまったというようなことが度重なると、これはもう、守護神というより、悪霊の化身ということになってしまいます。

このように、病気の原因になっている低級霊の憑依を瞬時にして解いたり、また事故や災難から身を守ってくれるような格の高い守護神を探しだし、しっかりその依頼人の体内に宿るようにするという仕事は、神霊能力者なら誰でもできるというわけではないのです。

どのような道についてもいえることですが、ひとかどの仕事をしようと思えば、その過程においてそれなりの努力、修行が必要ですし、人一倍の経験も積まねばなりません。低級霊化した穢《けが》れた魂を瞬時に浄霊して霊界へ送り、そして守護神を導くというのが、私をはじめとした日神会の神霊治療法ですが、それは決してある日突然ふってわいた特殊能力ではありません。初代会長の隈本確の若かりし時代からの血のにじむような霊との対峙・格闘・和解などの三十有余年にもおよぶ修行時代があってこそ得られた奇跡の浄霊法なのです。それを受け継ぐ私もまた、厳しい修行を経てこの奇跡の霊法を手にすることができたのです。

私の本を読まれて、お手紙をくださるのはいいのですが、あまりにも簡単に、手紙一通で「自分の守護神を教えてほしい」といってこられる方がたまにいらっしゃいますが、ここまで読まれてきた方であるならば、それほど生半可なことではないということがおわかりいただけると思います。守護神を出現させて人間の体内に導くという仕事は、神霊世界と日ごろから交信し、お互いの信頼関係があってこそなのです。そのために、それなりの礼を尽くし、法則を徹底し、想いのたけをぶつけていかなければならないのです。

そこで次に、依頼者の守護神を導く方法についての説明をいたします。

守護霊を導くその手順

神霊の世界は非物質の世界です。先に、日ごろからお互いに交信し、強い信頼関係があってこそというようなことを書きましたが、その交信はすべて想いの世界で行われていることであって、実際にしゃべったり、お互いに顔を合わせたりということはありません。というか、そういう人間的な〝眼に見える行為〟は、神霊界においては不可能なわけです。それが、非物質の世界ということなのです。

ですから当然、私は私の守護神がどのような姿形をしているかまったく知ることはありません。また、私と同じ神霊治療能力を有する日本神霊学研究会（日神会）に在籍する神霊治療能力者のスタッフも、それぞれの体の内に守護神をいただいておりますが、その姿を見ることはないのです。

守護霊として私たちがあおぐのは、霊界において相当に修行を積んだ高級神霊です。ほぼその修行の道をきわめた霊界人であります。そのお姿というのは、もはや人間の視覚だけではなく、聴覚や臭覚など知覚に作用してくることは絶対にあり得ないのです。霊界における絶えざる修行により、もはや人間の穢れ、人間臭といったものはほぼ完全にぬぐい去られ、光り輝く純粋無垢《じゅんすいむく》な魂となっているからです。人間的な表現でそれを言葉にすれば、〝透明な光体〟と形容するのがふさわしいかもしれません。

こうした次元のまったく異なる高級神霊との交信というのは、自己の想いの世界（心の世界）から必要に応じて守護神からの霊界通信をいただき、心の中に湧きでてくる守護神の想いの波動によるお導きを受けることができるのみなのです。

世の霊能者の中には、自分の守護神はこんな姿をしているとか、こんな所に住んでいるなどと、実際に見てきたような話をする人がいますが、もしそれが事実なら、その守護神は真に力のある守護神ではなく、単なる背後霊の中の一体にすぎないのです。

なぜなら、真の高級神霊は先ほどもいったように現界人の眼に見えることは絶対にあり得ないからです。人間の五感に感知されるような霊は低級霊であり、それを守護神とあがめ奉《たてまつ》って浄霊を行ってもらったとしても、それが成功するとは到底思えません。

そういうエセ霊能者に、そもそも神霊治療などできようはずはないのです。そうしたエセ霊能者はより強力な低級霊を呼び寄せることになり、それを体内に呼び込まれるわけですから、これはもう低級霊に憑依されたのと同じことになってしまいます。そして、運命は好転するどころか、より悪い方向へ暗転していくということになります。

高級神霊世界に住まう守護神とは、人間の五感に感知できない存在の高みにいらっしゃるだけに、人間にとってはまるで雲をつかむような存在になってきます。

また、先祖というのは何代もさかのぼるとぼう大な数にのぼります。そうした中から、私も含めた日神会の神霊治療能力者たちは、どのようにして守護神を出現させるのでしょうか。その手順について、簡単に説明いたします。

神霊治療能力者自身の守護神というのは、まずもって高級神霊であらねばなりません。日神会の神霊治療能力者の守護神は、霊界の段階でいうところの「天界神聖界《てんかいしんせかい》(天命界)」にあられます。ここまでの高みにのぼられておりますと、先ほどいったように、私たちにはその姿は見えず、まさに〝透明な光体〟として想いの世界(心の世界)でイメージされているだけです。

ここではまず、初代会長隈本確教祖の守護神降神の方法について述べておきましょう。

依頼者の守護神を導くにあたっては、まず神霊能力者は自分の守護神を自己の胸中に内在させます。内在させるというのは、わかりやすくいえば、守護神がしっかり自分の中に在るということをイメージの世界で強く確信するということです。

次に、その胸中に内在する守護神の力を借りて、依頼者にかかわるぼう大な背後霊の中から、もっとも格が高く、力のある神霊を選び出し、出現をうながすのです。

この一連の作業工程はすべて想いの世界（心の世界）の中で繰り広げられますが、非常に高度な心的な、また霊的な技術が必要な儀式（作業）となります。しかし、だらだらと時間がかかるわけではなく、時間にしてせいぜい二、三秒間ですみやかに完了いたします。

出現した守護神は、人間界の想念をほとんど解消し、人間にとっては五感を超えた存在となっておりますから、黄金色、あるいは白銀色に輝きわたる楕円形か長方形の光体としか見えないでしょう。しかし、まだほんのわずかですが、人間界での想念をとどめていることもあります。そういう守護神の姿は、ぼんやりと輪郭のみ人間の形跡をとどめているにすぎません。

こうして出現し、依頼者の体内に導いた守護神ですが、高級神霊の世界にはそれぞれ名前があるわけではありません。現界人は名前をつけて個々を区別したがりますが、高級神霊の世界は想念でお互いの意思が通じ合うのです。ですから、名前だけではなく、言葉そのものも不要なのです。もちろん、文字も不要です。

ところで、せっかくいただいた守護神に名前がないとなると、人間は不安になります。名前がないだけではなく、姿形も見えないとなるとなおさらわけがわからなくなって親近感がわかず、信心が深まらない、信心に揺らぎがでることにもなりかねません。

名前もなければ姿も見えない。それで、ただ「守護神さま、守護神さま」と願いをかけても、自己の胸中に守護神が内在していらっしゃるという確固たる信念を持ちにくいというわけです。

そこで日神会では、依頼者の守護神を出現させる場合に便宜上の名称をつけております。この名称は、人間が霊界人と交信するための、いわば符丁《ふちょう》のようなものとお考えください。依頼者の守護神が現われた際、神霊能力者の胸中でほとんど瞬間的に、その能力者の守護神によって名前が付与されるのです。相手の守護神も、それを確認して承知するわけです。

その守護神の名称は五種類です。すなわち、不動尊《ふどうそん》、毘沙門天大神《びしゃもんてんおおかみ》、権現大神《ごんげんおおかみ》、観世音菩薩《かんぜおんぼさつ》、天照皇大神《てんしょうこうだいじん》です。したがって、私たちが依頼者の守護神をだす場合は、必ずこの大きな分類に即してなされるというわけです。

前述したように、各守護神の名前は、仏教の仏名、神道の神の名を用いていますが、あくまでも各自が理解しやすいように定めた便宜的なものです。
守護神降神の秘法の概略は次のようなものです。
1　まず、相手依頼人が私(神霊治療能力者)の前に座ります。そして私は、私の守護神(本尊)を胸中に内在させます。
2　私は本尊の力を借りて、依頼人の背後に無限に広がる暗黒の霊界を霊視いたします。この時の感覚は、さながら永遠世界を貫通する超強力なサーチライトのようです。
3　その光が一点を投射し、照らしだされるところに、依頼人の背後霊中で最上位の格を有する霊界人（光体）が招かれるようにスーッと出現し、私の眼前（もちろん心の眼です）に瞬間移動してきます。
4　私はその高級神霊（光体）に対して、たとえば「権現大神《ごんげんおおかみ》」と即座に呼称の確認をします。すると、相手神霊も間髪を入れずこれを確認して了承するのです。
以上が、初代会長隈本確教祖の守護神を依頼人の体内に導く仕事の一部始終です。これはいわば守護神降神の原理です。

初代会長隈本確教祖は、信徒の依頼に応じてその人の先祖の中で霊格（神格）の最高位の先祖霊を、守護神として降神して神霊治療に応用しておりました。しかし、その方法ですと、霊能力が授かっていない一般の人は、守護神を自己の内に呼び込むということは不可能です。加えて、自己の先祖霊の神格が低い場合、守護の役目を果たすことができないために、低級霊に憑依された場合など、その都度神霊治療を受けなければなりません。それでは真摯な信仰者の真の救済にはなりません。

私は初代教祖の守護神降神の秘術を原理としつつ、各自の守護神を、日神会の守護神である聖地恩主本尊大神《せいじおんすほんぞんおおかみ》「聖の神」を守護神とするように、新ルートで超神霊と直結してその守護力をいただくことに成功いたしました。

この新たな秘法によってすべての信徒は自分の守護神を「聖の神」として持つことができるようになりました。強い信仰心で、自分の守護神を「聖の神」とする幸せを感謝しなければなりません。

守護神の種類と働き

人間の性格というものは千差万別です。たとえば、怒りっぽい人がいたとすれば、その怒りっぽい人の中には、怒りっぽいけど涙もろい人、怒りっぽいけどやさしい人、怒りっぽいけど頼りがいのある人、怒りっぽくて気の強い人、怒りっぽいけど大人しい人、怒りっぽいけどさびしがり屋な人、怒りっぽいけど気の利く人……。さらに、怒りっぽくて涙もろいけど、頼りがいのある人……。

まさにきりがありませんが、怒りっぽいというもっとも特徴的な点は変わっていません。こうした、性格の幹となる部分というのは、守護神の持つ性格が現れていると考えて差し支えないでしょう。ですから、ある人の本当の性格を知ろうと思ったなら、その人の守護神が何であるかを知れば大体の見当がつくのです。

そこで次に、先に紹介した五種類の守護神について、その性格や働きを説明していきますが、同時にそれら守護神の流れを受けている人たちの性格的特徴や、長所・欠点についても言及いたします。

これにより、まだ守護神をいただいていない人は、自分の性格から類推して五種類の守護神のうち、どの神霊の霊流（エネルギー）をもっとも強く受けているかを知ることができます。すなわち、自分の性格を本書に書かれた守護神の性格に照らし合わせることで、自分がいずれの守護神の流れを強く受けているか、そのだいたいのことがわかるというわけです。

【不動尊《ふどうそん》】

仏教で不動尊といえば不動明王のことで、五大明王の中心です。大日如来の化身ともいわれています。ですが、ここでいう不動尊は、高級神霊の便宜上の名前ですから、そういう仏教世界とはまったく関係ありません。以下に述べる毘沙門天大神なども、宗教上の名前とは一切関係はありません。

さてこの不動尊は、気性の激しい荒神《あらがみ》です。何ごとに対しても黒白をはっきりとつけたがり、妥協するということがありません。あやふやなことを嫌い、こうだと決めたら突き進む短期決戦型の神霊です。生前は山伏《やまぶし》（修験者）、行者、武士だった場合が多いのです。

不動尊を守護神としていただいている人、またこの流れを強く受けている人は、総じて力強く、動作が身軽で機敏。性格は戦闘的ですから、現代においてはスポーツ、とくに柔道やボクシング、レスリングなどの格闘技において自分の力を十二分に発揮できるでしょう。サラリーマンであっても、持ち前の強く明るい性格で営業や渉外畑で成功するでしょう。

ただし、その性格の強さが逆に欠点となって身を亡ぼすこともあるので気をつけなければなりません。気性が激しすぎて相手と衝突しやすく、一本気なところがあるので根回しなどが不得手。その結果、ヤル気が空回りして気がつけば味方が一人もいないということにもなりかねません。また、意外にあきっぽくて粘りがない、わすれっぽい、我が強い、自己主張する割には中身が薄いなどの欠点もあげられます。

上げ潮の波に乗って一気呵成《いっきかせい》に進んでいる時でも、常に周囲を見回し、できるだけ短気を起こさず、何ごとも控えめに抑え、周りの人たちに対するいたわりの心、和の心、慈悲の心を持って接すれば、成功への道を真っ直ぐに進むことができるでしょう。

【毘沙門天大神《びしゃもんてんおおかみ》】

毘沙門天といえば、七福神の一人として福や財をもたらす神として親しまれています。守護神としては、戒めの力、術がもっとも強い神霊です。まじめで、道を外れることを好みません。しかも、それを自分だけではなく、他人にも強要します。ですから、この神霊の力が働くと、ともすると人間は生きることの息苦しささえ感じることがあります。生前は、念力僧、仏法奉持者だったという人が多く、まれに武将だったりする場合もあります。

これを守護神にいただいている人や、この神の流れを強く受けている人は、念の力が非常に強いということです。粘り強く、決して中途であきらめたり弱音を吐くということがありません。そうした気迫が強いため、自分では意識していなくても周りの人たちを威圧するような雰囲気を与えています。

決してあきらめない、最後までやりとげる粘り強さは、多くの人に称賛されるでしょう。ところがこれが執念深さになったら、短所になってしまいます。尊大、傲慢、我が強い、柔軟性がないなどが欠点としてあげられますが、一言でいうと、気むずかしくて扱いにくい人というイメージです。

このイメージを払しょくするには、周囲に与える念・圧力ということを考慮して、常に低姿勢と慈愛、思考の柔軟性を心がける必要があります。無意識のうちに、相手を威圧する雰囲気をかもしだしているわけですから、自分の思うがままに、ストレートな言動を行うと周囲の人から強面《こわもて》として恐れられることにもなりかねません。

ですから、常に自分の心と言動をコントロールして、他人を思いやる生活を心がけることです。すると、毘沙門天大神の強大な神霊エネルギーをよい方向に生かすことができ、人生面で大きな成功を勝ち取ることが可能になるでしょう。

【権現大神《こんげんおおかみ》】

世間一般にいう〝権現さま〟は諸芸に秀でた徳川家康のことを指します。権現大神は神霊界においては、位《くらい》と権威の神です。他の神霊の支配を受けず、広範囲にわたる力と働きをもち、生前は時の権力者、大事業家、官吏、社会的地位の高い人、高位の武将であった場合が多いとされています。

この神を守護神としていただいている人、またはその流れを強く受けている人は、いわゆる風格というものが備わっていて、どこへでても威風堂々としていて一目置かれる存在です。しかし、それがややもすると周囲の人々の眼には尊大とも受け取られかねませんから、気をつけなければなりません。

落ち着きがあって、小さなことにこだわらない大らかな性格で、指導力が備わり、事に当たっても動じることがありません。それゆえに、人に慕われ、とくに男性の場合は人の頭に立つ運命にある人といえるでしょう。

しかし、いいことばかりではありません。大らかということは、言葉を変えていえば大雑把ということであり、大事な要件を見落とすなどのチョンボをしでかすことがあります。対人関係においても、無神経さが目立つと思わぬ反撃を食らうことになるでしょう。自信過剰で横柄という非難を受ける場合もあります。

こうしたことから、日ごろから偉そうな態度、人を見下すような態度は極力抑え、周囲の人を上手に使うことを心がけ、思いやりといたわりの心を養うことが大切です。


【観世音菩薩《かんぜおんぼさつ》】


一般的には〝観音さま〟と呼ばれ、大変人気のある菩薩で、般若心経の冒頭にも登場します。神霊界では、慈愛と救済をつかさどる柔《じゅう》の神です。生前は宮人、尼僧、社会奉仕者だった場合が多いのです。

この神を守護神としていただいている人、またはこの神の流れを強く受けている人は、この神の性格どおり慈悲・慈愛に満ちており、誰に対してもやさしさにあふれ、受け身で、争い事を極度に嫌います。

ただし、争い事を嫌うあまり、主張すべき時に自己を主張できないことが多く、強硬な態度をとる人の意見に流されがちになるという弱点があります。情におぼれやすい、他人ごとに巻き込まれやすい、金品の返済を要求できない、病気や悩みごとがある、それにいつまでもクヨクヨして立ち直りにくいといった面もあります。

また、人間界にも霊界にも、善人や善霊ばかりいるというわけではありません。この守護霊の人がいかなる慈悲の心で接しても、それを欺き、困らせる悪人や悪霊は必ずいます。このような悪人や悪霊の餌食になりやすいので気をつけたいものです。

しかし、慈悲の心は絶対的な善の心ですから、いつかは必ず通じるという信念を強く持ち、相手のペースに巻き込まれないようにすることです。嫌なことははっきりと「嫌です！」といえるだけの心の強さを養うことが求められます。人を思いやり、同情するのはいいのですが、度を越した情は自分自身の破滅を招きかねません。

強い心を持つという意味では、不動尊、毘沙門天大神、権現大神の気質を取り入れていく努力も必要かと思います。

【天照皇太神《てんしょうこうたいじん》】

古来より日本列島に土着していた神道の流れをくむ国津神の総称。孤高の神で、生前は学者や研究者、司法関係の職業の人が多いようです。

天照皇太神を守護神としていただいている人、またこの神の流れを強く受けている人は、凛とした気高さに恵まれ、清潔感にあふれていて、周囲の人々からの信頼が厚いでしょう。

非常に緻密なところがあり、唯心的な傾向が強いのも特徴で、少々近づきにくい印象を与えがちです。

生活面では、他人にわずらわされることを好まず、一人でコツコツとわが道を進みます。潔癖症で曲がったことが大嫌いな性格ですが、潔癖も度が過ぎるとあたたかみに欠けた冷たい人柄と見られ、より孤独を強いられることになります。孤高感が強すぎると、人の意見などを聞かなくなり、尊大、強情のそしりを受けることにもなります。生涯独身とか、子宝に恵まれないという人もいます。

この守護神の人は、他人に対する慈悲、慈愛、和の心を忘れないように生きていくことが大切です。緻密で潔癖症ということでいえば、不正や間違いをただすということではいいのですが、完璧を求めすぎますと他人とぎすぎすした関係になりやすいのでほどほどにしたいものです。こういう人は、観世音菩薩の気質をとりいれるように努力されるとよいでしょう。

守護神は一人一体が原則

以上、五種類の守護神の特徴と、それが人間に及ぼす影響力について説明してきました。個々の守護神は長所もありますが、また短所もあることがおわかりになったと思います。すでに守護神のでている方は別として、まだ守護神が定まっておらず、神霊の流れを受けている状態という場合、ともすると複数の神霊の影響を受けることがあります。

つまり、五種類の神霊のうち、一体のみならず二体も三体もの、極めて強い力をもった高級神霊に作用される場合もあるのです。そうすると、神さまが二体も三体もついていてくださるというのは、大変ありがたいと思われる方もいるでしょう。

たとえば、気性が激しく飽きっぽい【不動尊《ふどうそん》】と、まじめで粘り強い【毘沙門天大神《びしゃもんてんおおかみ》】がつけば鬼に金棒。さらにもう一体、慈悲と救済の神霊【観世音菩薩《かんぜおんぼさつ》】の霊流（エネルギー）を受けることができれば、これでもう完璧というわけです。

一人の人間の体に複数の、強力な神霊の霊流（エネルギー）が流れるということですが、このことは、ちょっと考えるとすばらしいことのように思われます。しかし、実は決して好ましいことではないのです。

一人の人間に幾種類もの神の霊流（エネルギー）が流れている状態というのは、ちょうど、「多信仰」と同じようなものなのです。多信仰とは、多くの神々を祀《まつ》ったり拝みまわったりすることをいいます。たとえば、家に仏壇があるのにお稲荷さんなどの神棚を祀っている、また、あちこちの神社や寺院をやたらに拝みまわっている人をいいます。その状態は一人の女性に主人が二人も三人もいるのと同じです。体内で神々がお互いを主張して、精神的に混乱した状態になってしまうのです。

これと同様に、一人の人間に幾種類もの神の霊流（エネルギー）が流れている状態というのは、絶対に避けなければならないのです。というのは、守護神というのは、その人の生き方や性格といったものに深く影響をおよぼしますから、一人が二体、三体の強力な神霊の流れを受けますと、まるで多重人格者のような苦難を味わうことになります。

若いころの初代会長・隈本確には、ある時期三体の強力な神霊の流れがあったといいます。その三体とは、不動尊・権現大神・観世音菩薩だったようです。ある日は権現大神のごとく威風堂々と世間を闊歩しているかと思うと、次の日には観世音菩薩の流れにあって気弱でやけに人の世話を焼きたがる、また次には気性が激しくなって理由もなく暴力をふるうという不動尊の霊流（エネルギー）に支配されるのでした。

「いったい、どれが本当の自分なのだろうか？」

と真剣に思い悩み、苦しんだのです。心が定まらないというのは、本当につらいものです。

そして一番困ったのは、この三つの性格が同時に出現した時でした。激しく荒々しい気性と、人を見下したような傲慢《ごうまん》さ、そして他人に対しての涙もろいまでの同情心とひざまずくような気の弱さ——これらが一人の人間から一挙に噴き出したようすというのは、他人にはまったくの錯乱状態としか見えません。守護神のでていない状態では、こういう事態も起こり得るということを肝に命じてください。

こうしたことから、守護神は一人の人間に対して一体のみとすることが好ましいわけです。それでこそ、心穏やかな人生を送ることができるのです。

また、どうせ一体しか守護神をいただけないのなら、一番優秀な守護神をという人もおられます。つまり、五種類のうち、「どの神様が一番偉いのか」とか、「とくに力が強いのはどれなのか」といったことを聞いてくるわけです。しかしそれは、まったく意味のないことです。なぜなら、霊界というのは「格」の世界ですから、たとえば同じ不動尊にしても霊界のどの段階にいるかということで、その力量に差が出てくるのです。五種類の守護神にしても、霊界のより高い段階に住んでおられる神ほど、そのパワーは強大で能力もすぐれているのです。

たとえば、同じ不動尊にしても、現界と霊界とを行き来しているような低級霊もいれば、低級霊の中では力のある悪霊もいます。また、最高級の力量をもつ高級神霊になると、不動尊は単なる不動尊という範ちゅうを超えて、全能の最高神ということになってきます。もちろんこのことは、不動尊だけではなく、五種類の守護神すべてにいえることです。

ですから、五種類の神の分類はあくまでその神々個々の初期の性格上の相違によってなされているものであって、高き神霊界に昇られた守護神においては、どの神がすぐれているとか劣っているかということは、まったく意味のない問答だということです。

ちなみに私は初代会長隈本確教祖より「五種類全ての強大な守護神がついている」とのご神示を頂いております。

守護神を持てば人生が好転する——学業・事業・人間関係

守護神の出現による効果は、病気治療（浄霊）と、それにともなう霊媒体質からの脱却ということがまず第一です。

しかし高き守護神の働きは、それだけにとどまらず、あなたの人生にさまざまな好結果をもたらすことになります。学業や事業、人間関係など運勢全体がみるみる好転するというありがたい副産物があるのです。ただしそのためには、出現した守護神に対して常に感謝の心と信頼を忘れず、心の底からおすがりすることが大切です。

神霊治療を受けた人から、そのような体験談が私や日神会あてには、日々送られてまいります。次に、そのいくつかを紹介いたしましょう。

「私の息子は受験に失敗して一浪して塾に通っていたのですが、成績は上がるどころか下がるばかり。それでも、頑張り屋さんなので、朝早く起きて夜遅くまで、寝食を忘れるほどの猛勉強をしていました。それでも、成績は一向に上がらないのです。進路相談では、この成績では目的の大学に合格するのは無理といわれ、さらに猛勉強をしていました。

ところが、受験一カ月前という大事な時期に原因不明の頭痛に見舞われたのです。最初は風邪の前ぶれと思っていたのですが、熱やせきはでず、ただ勉強机に向かうと、頭がガンガンと、ドラムをたたくような痛みに襲われ、勉強どころではなくなるのです。医者からは薬をもらうのですが、症状は一向に改善しません。もう、志望大学の受験は無理でしょうといわれておりました。

そんな時、ある人から日神会の神霊治療を紹介されたのです。もう、受験日はせまっていましたが、頭の痛みが治らなければ受験もままなりませんから、また来年度も浪人ということになってしまいます。それで、長崎聖地を訪ねて治療を受けさせたのです。するとどうでしょうか、その日から、あの猛烈な痛みは消し飛んだのです。

おかげで、無事に受験することができました。もちろん、志望の大学に進学することなどあきらめておりましたが、本人が受験だけでもというので、いちおう試験だけは受けておいたのです。ところが、なんと、その大学から合格通知が届いたのです。これは何という奇跡でしょうか！

頭痛が治って大学受験ができたことだけでもありがたいのに、百パーセント無理と思われていた念願の志望校に合格できるなんてと、親子ともども大喜びで、感謝にたえません。ありがとうございました」

また、夫婦で切り盛りする、ある地方の小さな洋食屋さんからは、次のような便りが届きました。

「夫婦二人三脚で細々と営業しておりましたが、女房に胃ガンが見つかり、もう店を閉めようかという話をしておりましたところ、なじみのお客さんから『胃ガンぐらいで弱気になっちゃダメ』と日神会をご紹介いただきました。それで、女房が神霊治療を受けましたところ、次の検診でポリープが小さくなっているといわれ、やがてなくなったのです。お医者さんも驚いておりました。

それで、女房はまた元気に店で接客するようになりましたところ、どうしたことか店の売り上げがどんどん伸びていくのです。地方の田舎町の、スパゲティーやオムライスが定番の小さな洋食屋なのですが、『おいしい！』『おいしくなった！』『懐かしい味だ！』などと地元ばかりか、隣町や隣県、また遠く他県からの客もくるようになって、駐車場を増設するまでになったのです。

私の料理の腕がよくなったわけでもなく、素材を変えたというわけでもないのに、不思議でなりません。神霊治療で女房の胃ガンがよくなったというのは理解できるのですが、それとは関係のない私の料理の味までよくなり、店の評判まで上がるというのは、やはり何らかの神霊治療のご利益なのかと、夫婦で毎日『守護霊さま』に心からの感謝のお祈りを捧げております」

自動車販売会社の営業マンの方からも、こんな驚きの便りをいただいております。

「私は入社十年目ですが、最近売り上げが急激に下降線をたどりはじめ、上司からは叱咤激励される毎日です。私が入社した当時、伝説の営業マンという方がいて、その人は〝営業マンは足で稼ぐ〟とばかりに、毎日顧客まわりをして、常に販売レースのトップを走っておられました。その、すでに退職されている自動車販売の神様の薫陶を受けた私は、その先輩の教えを忠実に守っていまも足を棒にして営業活動をしていますが、成果があがらなくなったのです。そしてとうとう、無理がたたって膝に痛みが発症してしまい、歩くのさえ苦痛になってしまったのです。

若い営業マンたちは、『いまはネットの時代だ。顧客を一軒一軒訪ね歩くような古臭いやり方で成功するはずがない』と陰口をたたいているようですが、私はこのやり方しか知らないのです。膝痛を我慢して、顧客まわりをしていましたが、やがてそれも限界になり、転職の相談をしようとその先輩を訪ねたのです。すると、『自分も現役時代に何度か足を痛めたが、日神会の神霊治療で乗り切ってきた、君も受けてきたらどうか』というので、長崎聖地で先生に治療していただきました。

杖をついて出かけたのですが、帰りには杖はいらず即全快したのには驚きました。それより驚いたのは、それから後のことです。車が突然よく売れるようになり、一週間に七台の注文を受けるに至っては、これはもう奇跡としか思えません。膝の痛みを治していただいたうえに、仕事までうまくいくようになるとは……。望外の幸運をいただき、感謝しても感謝しきれません」

そのほか、「病気の神霊治療を受けて以来、夫の酒乱がピタリとやみ、反抗的だった息子が不思議なくらい素直になって、いまでは家事の手伝いもしてくれるようになった」「神霊治療を受けた翌日から、それまで何かと仕事に難癖をつけてきた上役の態度がガラリと変わってとても友好的になった」「結婚をしぶっていた彼女がＯＫの返事をくれた」――。

以上のような報告が私のもとに日々届いております。

神霊治療というのは、確かに浄霊がその本質ですが、高き守護神を体内に招き、そのご加護を受けられるという思わぬ特典があるのです。依頼者はそれが、不思議で驚かれるようですが、私たちにしてみれば、それは当然すぎるほど当然なことなのです。

いつも私がいっているように、人間の病気の約六十パーセントは霊障によって生じているわけですが、霊障が現われてくるのは肉体面だけではないのです。肉体に現れた霊障は、熱がでたとか、患部が痛いなど〝病気の自覚症状〟としてすぐに気づきますが、その他の霊障というのはなかなか気づかないものなのです。

本来、霊障がなければもっとスムーズにいっているはずの仕事にしても、低迷状態が長く続いていると、当人にとってはそれが普通の状態として認識され、何ら疑問を抱かなくなってしまうのです。本当は低級霊に取り憑かれたために仕事がうまくいかないのに、自分の能力のせいだと思ってしまうのです。

ところが、たまたま受けた神霊治療によって霊障が解消されると、病気の快癒と同時に、肉体以外の面に現れていた霊障によるさまざまな悪いことが一気に好転し、学業成績が向上したり、事業や商売は上昇気流に乗り、対人関係もスムーズになるなど、幸運の波が押し寄せてくるのです。

極端ない い方になりますが、低級霊に憑依されても、それに気づかずに日常生活を送っているということは、人生に重荷を背負って生きているのと変わらないのです。また、低級霊に長年取り憑かれていると、何となく陰気で危うい雰囲気を周囲にまき散らしはじめます。それは、自分の体臭と同じで、自分にはわからないのですが、周りの人にはそれとなく何か嫌な感じとして受け取られているのです。それを霊臭《れいしゅう》というのですが、実際ににおってくるわけではなく、何か人が近づきたくない、嫌な感じ、嫌な雰囲気を発散しはじめるのです。

こうなると、霊障を背負うことで人は離れていき、取引先の相手からはうとんじられるようになり、周囲の人に不信感をもたれてしまいます。こうして、仕事はうまくいかず、対人関係もぱっとしなくなり、いつの間にか人生のレールから転げ落ちてしまうのです。

最近では、ベンチャーの起業家や音楽家、芸術家の方からも、神霊治療で突然品物が売れ始めた、公演依頼が増えた、個展が評判になったなど、うれしいお声をいただくようになりました。そういう意味では、神霊治療は人生のあらゆる面で人々に幸運を呼び込み、幸せを与えてくれる術だともいえるのです。

Part. 5

永遠の大霊界

——穢れなき魂の向上を目指して

未来の霊界生活に備えるべきこと

突然ですが、ピカソの親友でもあった印象派の巨匠ポール・ゴーギャンの代表作《我々はどこから来たのか　我々は何者か　我々はどこへいくのか》をご存知でしょうか。一八九〇年代の終わりに描いた不朽の名作で、縦一三九・一センチ×横三七四・六センチの横長大画面の中には、ゴーギャンの描く独特の風貌の半裸のタヒチの老若男女が、南の島の楽園のような場所で、立ったり、座ったり、寝ていたり、果物をもいだり、食べたり、談笑したり、空を仰いだり、思索にふけっていたりと、人間の何の変哲もない、さまざまな日常がけだるい色調で描かれています。

この絵画のどこが不朽の名作なのか、私たちにはうかがい知れないものがあります。しかし私は、この絵画の題名に、強く心ひかれるものを感じてならないのです。

つまり、「我々はどこから来たのか　我々は何者か　我々はどこへいくのか」という、この謎めいた問いかけに対してです。

実は、こうした問いかけは、私もしばしば日神会の会員の方から受けるのです。「私はなぜ生まれたのでしょうか」「なぜ生きているのでしょうか」「死んだらどこへ行くのでしょうか」「そもそも死後の世界はあるのでしょうか」といったことです。

そういう時、私はいうのです。「人生というのはわずか五十年、長くて百年そこそこです。私たちは広大無辺な霊界からやってきて、そしてまた広大無辺な霊界へと帰っていくのです。そのわずか五十年か百年の人生（現界）で大切なことは、死後の霊界での生活のために魂の浄化をはかり、その霊格を高めておくことなのです」と。

すると、ある会員の方は、「それでは、我々は霊界での豊かな暮らしのために、この人間界に生まれてきたのでしょうか。そうだとしたら、人間界とは、なんとつまらない世界ではないでしょうか」といわれるのです。

先のゴーギャンは、次のような名言も残しています。

「人生の長さは一秒にも満たない。そのわずかな時間に永遠に向けての準備をしなければならないとは――」

これもまた非常に示唆《しさ》に富んだ言葉です。私が思うに、ゴーギャンは「永遠の世界」、すなわち「死後の世界」、つまり「霊の世界」の存在を確信していたということです。それはおそらく、タヒチという当時の文明社会から遠く離れた南の孤島にあって、霊的な世界の存在を感知したのに違いありません。そして、そのために生きることにこそが人間のつとめであり、それこそが生きることの喜びにつながるということを悟ったのです。

そう考えると、「人間界というのはなんとつまらない世界であろうか」というような考えにはいたらないのではないでしょうか。霊界という実に途方もなく広大永遠な世界からみれば、人間の一生というのは「一秒にも満たない」世界なのです。だからこそ、その一秒間を、大切に悔いなく生きることが喜びに通じるのです。

「そんなことはない、人生は悲しみや苦しみの連続だ」とおっしゃる方もおります。しかし、よくよく考えてみてください。喜びというのは、そうした悲しみや苦しみを乗り越えた後にやってくるのです。

たとえばあなたが、欲望のおもむくままに楽しく生きたとしたら、どうなるでしょうか。「勉強しないで出世したい」「働かないで自由に遊びたい」「うまいものだけたらふく食べて暮らしたい」「美人に囲まれて人生を謳歌したい」……。

こんな暮らしを一生続けて、そこに真の喜びがあるでしょうか。こういう唯物的な生活、唯物的な人生は何も生みだすことはなく、人間界すべての倫理や法則は大崩壊し、世の中は大混乱し、堕落と絶望だけが残るでしょう。現に、現代の世界の情勢を見渡せば、こうした唯物的思考の弊害があちらこちらで見受けられます。

私たちは子供のころから、イヤでイヤでたまらない勉強というものをさせられてきました。中には勉強が大好きという子供もいるでしょうが、とにかく現在の日本人は、当人が勉強を好きか嫌いかにかかわりなく、小学校・中学校と最低九年間は学校に通うことを義務づけられています。

しかし考えてみれば、その義務教育のおかげで日本の知的レベルは高水準に保たれ、日本人の地位は世界的に高レベルにあると認められています。それに何より、当人が大人になってから立派な社会人として活躍し、人生をエンジョイするための土台になっているわけです。高校受験、大学受験、入社試験など、子供から大人になるにはさまざまな試練が待ち受けています。苦しむのはイヤだからと、これをスルーしてしまうと、その時はラクでも後からしっぺ返しを食らうことになります。

逆に、難関校への進学を目指して日夜勉学に励み、苦しい時は親や家族に励まされ、見事に入学を果たしたあかつきには、大いなる歓喜と祝福が待ち受けています。これこそが、生きる喜びというものです。スポーツでもがんばれば、その先には栄光が待っています。頑張るということはつらいことですが、それを克服することで、喜びに転じるのです。

このように、真の生きる自由や喜びを得るためには、相応の不自由や苦しみ、悲しみを味わわなければならないのが、人生というものなのです。あなたの未来においてより多くの自由やより多くの喜び、より多くの楽しみを確保しようと思えば、より多くの努力と骨折り、つまり精進が必要とされるのです。

この図式は、現界と霊界での、あなたの中の魂の在り方にも適用されます。

つまり、人生の喜びや悲しみ、苦しみの坂道を上り下りしながら懸命に生きることは、同時にあなたの心魂を正しく育て、その霊格を高めることにつながるのです。つまり、人間界での修行や精進はあなたの心と魂の向上をはかることにつながるということです。

ここでもう一度、こんどははっきりといいますが、私たちが現界人として過ごすこの世の生活は、人間が霊界入りする前段階のモラトリアム（猶予）期間であるということなのです。この時期に私たち人間は、来たるべき永遠の霊界での生活に備えて、自分の中の魂を十分に向上させておかなければならないのです。

それは、たとえば小学校へ入学する子供に、学校生活に必要なしつけをしたり、簡単な算数や文字を教えたりする親心と似ています。霊界という永遠世界に、何も知らずに放り出された自分の魂の戸惑いや悲惨な姿を想像できるでしょうか。現界で課せられた病気やケガ、人生のつまづきなどさまざまな過酷なまでの試練を乗り越えた魂というのは、肉体を去って霊界入りしても、迷うことなくただ一路に、きらめく大霊界の高みを目指してひたすら進んでゆくでしょう。

ところがこうした試練を乗り越えることなく、中途で放りだしたり自堕落な人生を送ると、魂は向上することができず、霊界において低級霊としての苦しみや悲しみを味わうことになるのです。人間は一生（一秒間）の苦しみですみますが、霊界は永遠の世界ですから、その苦しみや悲しみは果てがないのです。

未来の霊界生活のために、現界というこの〝たった一秒〟の人間世界をいかに生きるべきか、真剣に考えることが大切でしょう。

汚れなき魂の賛歌

これまで私は、私の父であり、また日神会初代会長隈本確教祖の著書『大霊界シリーズ

3　恐怖の霊媒体質』をベースにして、霊障を受けないためにはどうしたらいいのか、霊媒体質にならないためにはどうしたらいいのかということを主要なテーマとしてお話してまいりました。そこで最後に、隈本確がその自著に掲載した「人間としてこれ以上の苦しみはあり得ないのではないか」と思われるほど不幸な生涯を送られ、現在（当時）は高き神霊界にあられる女性の話を紹介したいと思います。

感動的な実話であり、また私たち日神会の「聖の道」の神髄を物語る内容でもありますので、まだお読みになっていない方にもぜひお知らせしたく、ここにほぼ原文のまま掲載いたします。

この話は、その女性のお父さまから実際に私に宛てられたお便りと、それに対する私の返信とをそのまま公開することによって、お伝えする。

なおこれから記述していく、感動的なお便りをくださったのは、私の著書の読者である斎藤利憲さんという男性の方である。

お便りの書状公開にさきだって、その旨を斎藤さんにお願いしたところ、斎藤さんは当方の意向を全面的にくみとられ、「少しでも、世の中の苦しむ人たちのお役に立てば」と、

気持ちよくこちらの申し出に応じてくださった。（斎藤さんのご厚意に対しましては、ここで厚く御礼申し上げます）

では、はじめに、当方から宛てられた書状（斎藤さんのお便り）公開についてのお願いに対する斎藤さんのお便りからご紹介しよう。

《書状公開についての斎藤さんから隈本確初代教祖へ宛てられた手紙》

謹啓、隈本先生。

たびたび、ごていねいなお手紙をいただき、ありがたく存じております。つきましては、小生どもの心身障害児・洋子の生前の生活のもようと、死後の霊界でのようすを先生の著書中に記されるご予定のおもむきをうかがいまして、たいへんうれしく存じます。それが、世の中で普通の方の何倍もの苦労をなさっている心身障害の方々や、また、そのご家族の方々に対して、少しでもなにかの励みになれば、まことに幸甚でございます。

本日、夜中の午前二時から四時ごろまでの間に、亡き洋子の霊夢がございました。夢の中では、四国の金刀比羅宮《ことひらぐう》のような感じの神社の前に洋子が現われて、私たち夫婦や家族の将来のこと、また、私たちが親しくしている方たちのことをいろいろと語ってくれました。

起きてから、不思議な夢だったなとずっと考えておりましたところ、お昼ごろ、先生からのお便りをいただきました。そこで、あらためて、霊の存在と神霊世界の不思議な働きに驚いてしまった次第です。

洋子の生前の姿はといえば、重度の心身障害におかされていたため無能な娘でございました。けれども、いま、人間には見ることのできない神仏と変わらない霊の存在を娘が内在させていたことが、確実に信じられるようになりました。

健康に毎日を過ごし、今日、明日の楽しみを求むる方たちには、小生どものような生活は、とても信じかたいことでしょう。

また、普通の方には考えられないような大不幸を背負って生きている方にしてみれば、「神も仏もない、なんと無情な世の中なのだろう」と思われることがたびたびあるかと思われます。

けれども、ただいまの苦しみの中でもなお神霊の実在を信じ、霊界を信じて、この無情な毎日の生活こそが修行なのだ、普通の方々にはできない修行をさせていただいているのだ、と考えて努力を重ねたら、必ず神のご加護がくだってくる——と、小生はそんなふうに考えております。

なにとぞ、小生どものことで世の中の方々のためになる材料がございましたら、赤裸々にご報告なされて結構でございます。恥ずかしいとは、少しも思いません。

先生のご健勝を心からお祈り申し上げます。そしてこの世の中から心の不幸を除くべく、心の光をますます高く掲げてくださいませ。先生のお力によって、神々のお光を、あまねく世に照らせしめてくださいませ。ご祈念申し上げます。

斎藤　利憲

隈本　確先生

以上が、私宛ての斎藤さんからの、書状掲載の承諾状である。次に、斎藤さんの次女・洋子さんの生前、および霊界での生活のもようについての、斎藤さんと私の往復書簡を、そのまま記載していこう。

《斎藤さんから隈本確初代教祖に宛てられた往信》

謹啓、隈本神霊大先生。

つつしみて、おうかがい申し上げます。

先生のご本、『大霊界1　守護神と奇跡の神霊治療』を、五十六年十一月より拝読させていただき、本当に霊界の最高位の解説書と思いました。小生ごとき無知の人間でも、深く感じ入りました。

実は、ちょうど子供の供養後（昭和五十六年十月十八日で一周忌）、先生の書を読ませていただきましたが、ここで、少しく当家の事情をご説明申し上げます。

昭和二十八年十月二日、私たち夫婦の次女として生まれた俗名・洋子は、五十五年十月十八日午前二時、死亡いたしました。

この娘は体格、容姿とも普通でしたが、知恵遅れでした。それで、小学校入学を断念し、以後ずっと家庭で保護、養育してまいりましたが、思春期のころよりてんかんの症状が現れはじめました。

自分のこぶしで自分の顔や頭を強く打ち、顔中、頭中、髪の毛のある部分も紫色にふくれあがって苦しむこと数年間。その後、五十一年ごろ全身衰弱で死の淵をしばらくさまよい、今度は一転して植物人間になってしまいました。そうして、寝ながら夢中で自分の肛門からでるものを体じゅうにこすりつけ、最悪の場合には、それを口の中に入れるという、まったく生き地獄の極みのような状態がかなりのあいだ続きました。

けれど、娘は再び死の淵からよみがえり、太陽の光ある縁側にずしりずしりとはいだしてきて、休むようになりました。でも長い闘病生活のせいか、この時には腰が立たない状態でした。

それからおよそ三年のあいだ、両手を固く握って肩には力をこめ、真っ青な天空をにらんでは、両手のこぶしもそちらの方向へ差し上げ、何か必死に考えているようなことがしばしばありました。

言語障害があったため、娘は「カ、カ、カ。タ、タ、タ。トットット……」などとしかいえませんでしたけれど、こちらの話すことは何でもわかっているのでした。また、家族の者が陰でしていることも、心の中で想っていることも、自分は寝ていてもだいたいわかっているようでした。（著者注：洋子さんに内在している魂〈生き霊〉が、すべてを理解していたのである）

そして満二十六歳で亡くなる時は、娘は何の苦もなく、私の手に抱かれながら昇天していきました。

以上、ごく簡単に書きましたけれど、私たち家族が、不憫な娘の一生と運命を共にした二十六年間を振り返りますと、やはり疑問をもたずにはいられません。

普通の人にはない、あれほどまでの悲惨な苦しみのただ中にいた娘――。一体、何が原因であのような目にあわなければならなかったのでしょうか。また、あのような苦しみばかりの生涯を終えていった娘――一体、どうして生まれてこなければならなかったのでしょうか。

私は娘の死後、これらのことについて深く考え、研究しようと思い、『般若心経』の世界に入りました。また、その他の仏教関係の本とか、神霊関係の本もずいぶん読みました。人間の病苦の根因を解明したい一念で、そんなふうに精神世界の本を読みあさる日々が一年ほど続いておりましたが、道はほど遠いように思われました。

先生の著書に出会ったのは、ちょうどそんなころでした。一読して大変ありがたく、それからは繰り返し、繰り返し読むようになりました。

そんなある晩のこと、娘の仏前で祈りながら、ふと先生のご本の表紙を見た私は、はじめ自分の目を疑ってしまいました。赤で印刷されている表紙タイトルの『大霊界』という文字のうち、「霊」の字のみ赤く、「大」と「界」の字は黄金色のまぶしい光で描いたような文字となり、しかも、それが地震のように揺れて見えたのでした。

「おかしい、でも、夢ではない。自分は正気でいるのに……」、私はそう思って、右手で文字の上を何度もこすってみましたけれど、やはり同じでした。それから約十分間、私はその黄金色の文字を眺めておりました。

おそらく、これは、先生の神霊がご本に乗り移っておられたのではなかったかと、私は後から自分なりに、そのように考えたのでございます。

現在、私は、娘が霊界で救われますように毎日祈り続けておりますが、私たちのほかにも、世の中にはこのような苦しみを味わっておられる方が、たくさんいるのです。何とか助けてあげたい心でいっぱいです。

どうか、先生の神霊のお力で、小生の余生に生きがいを与えてください。

ご多忙の御身と拝察いたしますが、心より、お返信をお待ち申し上げております。

斎藤　利憲

隈本　確先生

このお便りを読み終えた私は、突如、体全体が白銀の世界に引き入れられるような感覚にとらわれてしまった。清浄な美の波動の中には、妙なる楽の音が流れ、麗しき光輝の神霊集団の世界が私の眼前にかもしだされてきたのである。それは、洋子さんを中心とした白銀の神霊集団だった。

私は洋子さんのお父さまである斎藤利憲さんからの手紙をもったまま、しばし美しい神秘の世界にひたり、その紙面に涙の数滴をこぼすことを禁じ得なかった。

そうして、我に返った私は、このお便りに対する返信はどのように書いたものかと、途惑ってしまうのだった。

お便りから受けたこの感動、そしてお便りから喚起されて私の胸中に展開された神秘の大霊界の光景――、それを、一体、私はどんなふうに文字に託したらいいのだろうか。

私は深い深いため息の中に、いつまでも、白銀の世界が残していった美の余韻を感じているのだった。

《隈本確初代教祖から斎藤さんに宛てられた返信》

前略

これほどの深い悲しみと美しく感動的な書面に接して、神秘の大霊界を目の当たりに見る想いで、涙を禁じ得ない日々が続いております。

お手紙の内容をご説明いたします。

洋子さんの場合、生後すぐ他からの霊の憑依が肉体上に現れ、以降、健全でない肉体に対して、いろいろな霊がその時期時期に応じて、洋子さんの心身を占有していたものと思われます。

そのような状態にあっても、洋子さんの魂魄《こんぱく》は神の心をもたれたご両親のご加護のもとに、霊界生活での向上の準備を着々と進められていました。そうして、太陽の光ある縁側で天を見つめている最後の姿は、洋子さんの魂が未来の高き神界を見つめている姿であり、魂の肉体離脱の最後の準備でもありました。

洋子さんの魂魄の昇天のさまは、まさに大往生の一語に尽きるものであります。

私がはじめに申しました「深い悲しみ」とは、洋子さんの人間界での生活を指し申しております。また、「美しく感動的な」と申しましたのは、洋子さんの魂魄が種々の憑依霊にもめげず、ご両親のご加護のもとに、燦然と光り輝く天神の姿で私の心眼に出現されたことを指しております。

洋子さんとご両親が、人間界で味わわれました悲しいお苦しみが、洋子さんの霊界での霊格向上のために、どれほど寄与、貢献した人間生活であったかは、はかり知れないものがあります。私は、その人間界から最高の神霊界への昇華の仕組み、大霊界の神秘の差配に、改めて深い感動を覚えた次第です。

これほどに高貴の輝く新霊体（洋子さんの霊魂）に接し得た私の幸いを、ここに厚く御礼申し上げます。

あなた方ご両親におかれましても、その魂魄はすでに高級なる神格を有しておられますが、今後とも、なお一層の自己の魂の向上のために、美の想念の生活を送られますようお祈り申し上げます。

隈本　確

斎藤　利憲様

美しき唯心の世界——無垢な魂の勝利

以上、生まれながらに重度の心身障害におかされ、はた目には、これ以上ないというような不幸な、わずか二十六年の生涯を終えたわが娘（洋子さん）を、見事に高き霊界へと送り届けられた斎藤さん一家の、愛と悲しみと苦難と、そして感動の実話でした。

私はこの項をもう、何回読んだでしょうか。十回や二十回ではありません。読むたびに感動に打ち震え、涙がポトポトと落ちるので、この数ページは涙のしみでくしゃくしゃになっているほどです。

よく、子供の瞳は美しいといいますが、こうした心身に障害をもつ人は、大人になっても子供のように純真な、そして神秘的な輝く瞳をもっている方が多いように思います。

なぜ障害者の眼は美しいのかと考えた時、初代会長隈本確教祖がすでに答えを用意してくれていました。すなわち、「心身に障害のある人たちは、一般の人たちにくらべて、その魂魄の霊としての修行の過程が数倍も早く、神霊治療（浄霊）能力者と同じような霊との交流がさかんに行われ、内在するその魂魄は若年にして霊界での神の格が完成されているのである」というわけなのです。

現代人は、この物質文明の中で、ともすれば悪・欲・疑いといった地獄の想念のおもむくままに毎日を送っています。ですから、眼が血走り、鈍く光り、死んだ魚のように暗くよどんでいるのはあたりまえなのです。

これに対して障害者たちは、悪・欲・疑いとは程遠い清廉無垢な心をもち、無意識のうちに自分の魂との二人三脚的な人生を歩んでいるのです。それは、非常に精神的な生き方であり、この物質至上主義の時代には理解されがたく、また常に壁に当たって不自由な生活を強いられるでしょう。

しかし、そうした障害を乗り越え、艱難辛苦に必死に耐えて、未来という天空に広がる新世界（＝霊界）への旅立ちを準備しているのです。

こうした生き方は、現代の一般人が物欲中心なのに対して、「霊主体従《れいしゅたいじゅう》」という霊魂中心の至高の生き方といえるでしょう。つまり、美しき唯心の世界をただ真っ直ぐに生きているのです。

先ほどの洋子さんの場合も、それなのです。人間として生活しながらも、物質的な生き方に走ることはなく、完璧なまでの唯心世界で、ただひたすら自らの魂に寄り添って生きているのです。

肉体が滅びた後には、必ずや霊界生活がスタートします。現界での苦難に耐え、自己の魂とともに清く正しく美しく生きることでその霊格を高めていれば、霊界において必ずや救われ、高き神霊へと至ることはそれほど難しいことではないのです。

人間界において、もっとも忌むべきは、物欲に溺れて魂を磨くことを忘れることです。死後の霊界での生活のために、霊・魂を中心にした現界生活を送るか、肉体、すなわち物質を主とした悪・欲・疑いの汚濁にまみれた生活を送るか、その選択の自由は私たち個人個人の心（想い）にゆだねられています。

この現界という物欲世界に渦巻くもろもろの汚れた事象、それはたとえば、財産・地位・名誉・名声・権力・不倫などにまつわる悪想念、あるいはまた間違った信仰にからんで生じてくるいろいろな悪現象のことです。それら悪想念にからめとられた現界での生活というものは、これはもう間違いなく地獄へ直進する片道切符となるでしょう。

肉体という力と知恵を有効に活用できない、あるいはコントロールできないところまで来てしまっている現代人は、もはや魂の清廉なる力がうとましくなってきているようです。これでは、人間界はさらに悪・欲・疑いといった悪の想念に支配されていくでしょう。そうした想念を人間界で断ち切り、霊界に持ち越さないという清浄な魂の独立性こそが大切なのです。

この現界において人間のなすべきもっとも大事なことは、あなたの清浄なる魂を育て、鍛え、そして永遠の霊界のへと送り出すことなのです。このことを、しっかりと自覚して生きることが、永遠の幸せを招くことにつながるのです。

あとがき

貴重なお時間を本書のために費やしていただきありがとうございます。

目先の利益や時間に追われ、休む暇もなく人生を終える現代人は、若くして心身の荒廃を招きやすく、その多くは霊媒体質者となって、低級霊による霊障に苦しむことになります。

日神会の神霊治療は、あなたに憑依し、心身に強烈な打撃を加えてくる低級霊たちの悪の想念を浄霊して霊界へと帰し、同時にあなたに幸せを呼び込む高級神霊を守護神として迎える奇跡の霊法です。それは、霊的に優れた感性を持ち、修行を積み、経験を重ねた神霊治療能力者によって、ほぼ瞬間的に完了します。

神霊治療によって、悪霊や怨霊の類《たぐい》から晴れて自由の身になり、守護神を胸にいただいた心持ちというのは、まさに目からウロコが落ちたようなさわやかさです。そして、それまでのように富や名声ばかりを追いかけるのではなく、神霊とともに人生の荒波を一つ一つ越えて生きるという、真の意味での幸福感に満たされることでしょう。

こうして浄められ、磨かれた魂は、あなたが死んだ後も大霊界で永遠の向上を目指して修行の階段を着実に上っていくのです。本文中にも書きましたが、〝人生は一秒にも満たず、霊界は永遠〟です。その一秒間を悔いなく、清く正しく美しく、そしてたくましく生きることこそ永遠の幸せに通じるのです。

著者しるす

なお、お問い合わせ・ご質問は左記にお願いいたします。

日本神霊学研究会長崎聖地（本部）
〒856-0836 長崎県大村市幸町二五番一九三
電話（〇九五七）五二―五一五一（代表）

日本神霊学研究会東京聖地
〒141-0022 東京都品川区東五反田五丁目二八番五号
電話（〇三）三四四二―四〇八二（代表）

[著者プロフィール]

隈本《くまもと》　正二郎《しょうじろう》・法名　聖二郎《しょうじろう》

1965（昭和40）年、長崎市に生まれる。父、隈本確と同様、少年時代より数々の霊的体験をもつ。20歳の頃より日本神霊学研究会の初代会長隈本確教祖のもとで神霊能力者の修行を重ね、神霊治療の実践と研究を行ってきた。現在は、初代教祖隈本確の跡を継ぎ、日本神霊学研究会の聖師教を務め、神霊治療と若き神霊能力者の指導・育成にあたっている。著書に『神と霊の力―神霊を活用して人生の勝者となる』『神秘力の真実―超神霊エネルギーの奇蹟』『神・真実と迷信―悪徳霊能力者にだまされるな！』『大霊界真書』『神と霊の癒―苦しみが喜びに変わる生き方』『マンガでわかる大霊界』（展望社）がある。

霊媒体質の克服
幸せを呼ぶ守護神を持て

2017年11月15日　初版第1刷発行

著　者　隈本正二郎
発行者　唐澤　明義
発行所　株式会社 展望社
〒112-0002
東京都文京区小石川3丁目1番7号　エコービル202号
電話　03-3814-1997　Fax　03-3814-3063
振替　00180-3-396248
展望社ホームページ　http://tembo-books.jp/
印刷所 製本所　上毛印刷株式会社

ISBN978-4-88546-337-2

日本神霊学研究会 聖師教
隈本 正二郎
初著作

新大霊界シリーズ――①

神と霊の力

神霊を活用して人生の勝者となる

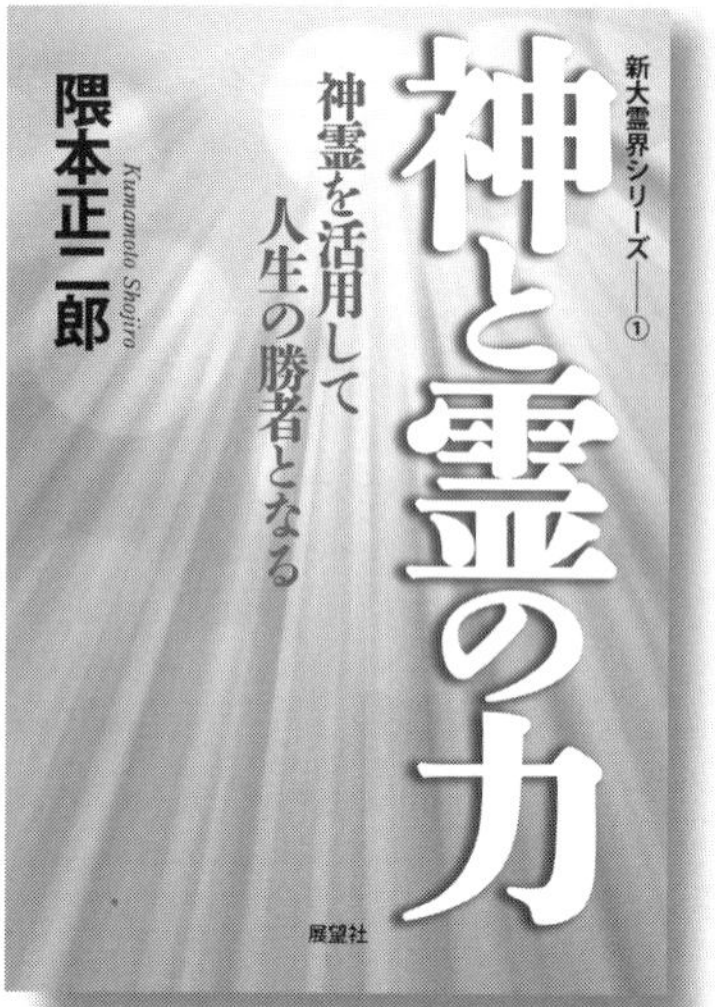

あなたの人生観が大きく変わる！

私たちは大霊界と無縁に生きることはできない。現代感覚でつづった霊界を生き抜くガイドブック。

主な内容（目次から）

■霊の実在を確信するところから人生が始まる
■霊の世界は五感を超えている
■運命が激変したら霊の力と考える
■霊によって起こる病気の数々
■浄霊による健康・開運の原理
■霊との正しいコンタクトの取り方
■善い霊に好かれる体質をつくろう
■死後の世界で永遠の生命を得る
■霊能者の生き方とコミット

●ISBN：978-4-88546-309-9　●四六判並製／定価（本体 1500円＋税）

日本神霊学研究会 聖師教
隈本 正二郎
第二作

新大霊界シリーズ――②

神秘力の真実

――超神霊エネルギーの奇蹟――

守護神と守護霊は人間を守る。

【苦悩をぬぐい、強運を与え、夢をかなえる神秘力】

今明かされる
奇蹟のエネルギーの全貌

主な内容（目次から）

- ■眼に見えないものが持つ不思議な力
- ■奇蹟の神霊治療は神秘力そのものである
- ■現代的神霊治療の考え方
- ■初代隈本確の遺言の抜粋
- ■念力と霊力の驚異の神秘力
- ■神霊にすがって神秘力をいただく
- ■霊のとっておきおもしろ雑話
- ■死の真相と死後の世界

●ISBN978-4-88546-314-3　●四六判並製／定価（本体 1500円＋税）

●ISBN978-4-88546-320-4 ●四六判並製／定価（本体 1500円＋税）

●ISBN978-4-88546-328-0　●四六判並製／定価（本体 1500円＋税）